GUIA DE ENTRENAMIENTO PARA HOTELES, BARES Y RESTAURANTES

GUIA DE APORTE AL ÉXITO DE LOS MANAGERS, MESEROS Y BARTENDERS
MEJORANDO EL SERVICIO DE LA INDUSTRIA GASTRONOMICA,
EN NUESTRA COMUNIDAD HISPANO CARIBEÑA

B.W.T

DOOR TO SUCCESS

BARTENDER & WAITER TRAINING

ENTRENAMIENTOS PARA MESEROS, BARTENDERS,
PROTOCOLO Y ETIQUETA, ENTORNOS A LA MESA,
CONOCIMIENTOS GASTRONOMICOS Y DEPARTAMENTALES

Jesus Jimenez

GUIA DE ENTRENAMIENTO
PARA HOTELES, BARES Y RESTAURANTES

**B.W.T. LE DA LAS GRACIAS A TODOS LOS PARTICIPANTES
EN LA PROMOCION DE ESTE LIBRO**

Caña y Café
BAR & GRILL

565 WEST 207TH STREET NEW YORK. NY 10034
212-567-8322 / WWW.CANAYCAFE.COM

ROYAL
PRINT.com

GUIA DE ENTRENAMIENTO PARA HOTELES, BARES Y RESTAURANTES

GUIA DE APORTE AL ÉXITO DE LOS MANAGERS, MESEROS Y BARTENDERS

MEJORANDO EL SERVICIO AL CLIENTE EN LA INDUSTRIA GASTRONOMICA, EN NUESTRAS COMUNIDAD HISPANO CARIBEÑA

ENTRENAMIENTOS PARA MESEROS, BARTENDERS, PROTOCOLO Y ETIQUETA, ENTORNOS A LA MESA, CONOCIMIENTOS GASTRONOMICOS Y DEPARTAMENTALES

Jesus Jimenez

Número de Control de la Biblioteca del Congreso de EE. UU.:		2013904560
ISBN:	Tapa Dura	978-1-4633-5246-2
	Tapa Blanda	978-1-4633-5245-5
	Libro Electrónico	978-1-4633-5244-8

Este libro fue impreso en los Estados Unidos de América.

Fecha de revisión: 17/09/2013

Para realizar pedidos de este libro, contacte con:
Palibrio LLC
1663 Liberty Drive
Suite 200
Bloomington, IN 47403
Gratis desde EE. UU. al 877.407.5847
Gratis desde México al 01.800.288.2243
Gratis desde España al 900.866.949
Desde otro país al +1.812.671.9757
Fax: 01.812.355.1576
ventas@palibrio.com
451084

INDICE

LISTA DE COCTELES POR NUMERO DE PAGINA DE 122 HASTA LA 145 de la (A) a la (W)

PAGINA -122 - A

AFTER-EIGHT
AFINITY MARTINI
AKU AKU
ALABAMA SLAMMER
AMARETTO CON LECHE
AMARETTO STINGER

PAGINA – 123 - A

ALEXANDER REGULAR
AMERICANO
AMERICAN MARTINI
AMARETTO SOUR
APPLE MARTINI VERDE
APLLE MARTINI ROJO

PAGINA – 124 - B

B-52 AVION BOMBARDERO
BAMBU
BAHIA
BAHAMA MAMA #1
BABY BLUE MARTINI
BAY BREEZE

PAGINA - 125 –B

BLING BLING
BLOODY MARY Y BLOODY CESAR
BESO DE VIUDA
BLOODJACK
BLUE KAMIKAZE
BLUE LAGOON
BRANDY ALEXANDER

PAGINA - 126- B

BLUE HAWALLIAN
BANANA DAIQUIRI
BROOKLYN COCTEL
BUENA VIDA
BULLDOG COCTEL
BLINKI

PAGINA - 127- C

CANA Y CAFÉ
CASA BLANCA
COCO TURQUESA
CUPIDO EN FEBRERO
CARPIRIHNA
CHOCOLATE CHIP MARTINNI
CUBA LIBRE

PAGINA -128 – C

COSMOPOLITAN
CALPIROKA
CAPRICE
CITRUS MARTINI
CARIBEAN BREEZE
CARIBEA POUNCH

PAGINA - 129 – D-

DAIQUIRI PLAIN
DAMA ROSADA
DECADENCE
DOMINICAN COCO LOCO
DIABLO ROJO
DRY MARTINI

PAGINA – 130 – E

EL BURRO
EL MISIL
EL SEDUCTOR
ECLIPSE
ENTRE LA SABANA
ESCORPION

PAGINA 131 – F

FANTASIA LOCA
FAVORITO DEL BARMAN
FIRST KISS
FLOR DE CEREZA
FOXY LADE
FRENCH MARTINI
FRUIT POUNCH
FUZZY NAVEL

PAGINA – 132 - G

GIN O VODKA TONIC
GIBSON O TWEEST MARTINI
GREYHOUND
GOD FATHER
GIN FISH
GRAND DANIELLE

PAGINA – 133 – H

HARVY-WARBANGER
HONNEY MELON SHOOTER
HONNEY MOON
HOT PANTS
HURRICANE
GIN SOUR

PAGINA – 134 – I

INCREDIBLE HULK
ISLA DEL SOL
ISLAND BREEZE
IMPACTO
IMPERIAL
ILUSIONES

PAGINA – 135 – L

LONG ISLAND ICED TEA
LIME PISCO SOUR
LEVANTA MUERTO
LONG BEACH
LAGRIMA DE AMOR
LEMON DROP

PAGINA - 136 - M

MADRA
MARGARITA REGULAR
MALIBU BAY BREEZE
MELON BALL
MIDORI COLADA
MOJITO FRESCOS

PAGINA - 137 -M

MIDORI SOUR
MANHATTAN
MELON BALL
MANGO-RITA
MIMOSA
METROPOLITAN

PAGINA – 138 – M

MAI TAI
MATADOR
MIDNIGHT SPRESS
MIDORI SUNRISE
MANGO CREMOSO
MUDS LIDE

PAGINA - 139 - M + N

MINT COLLINS
NAPOLY
NATURAL DAIQUIRI
NATIONAL
NEGRONI
NOCTURNO
NUTTY COLADA
NUT-CRACKER

PAGINA – 140 – P

PASSION DAIQUIRI
PASSION FRUIT CARPIRIHNA
PINA COLADA
PINK LEMONADE
PINK PARADISE
PULPLE MOTHER FUCKER

PAGINA - 141 - S

SAMBA
SANGRIA ROJA
SANGRIA BLANCA
SCREW DRIVER
SERENATA
SIDECAR
SEA BREEZE
SHIRLEY TEPLE

PAGINA – 142 –S

SENSACION
SEX ON THE BEACH
SINGAPORE SLING
STRAWBERRY DAIWUIRI O MARGARITA
RAIN BOW
ROYAL SMILE
RED DRAGON

PAGINA – 143 - R

ROB ROYCE
RED RIDER
RED LEON
RUSTY NAIL
TOSTER ALMOND
TOM COLLINS
TEQUILA SUNRIS
TEENAGER FANTASY

PAGINA -- 144 –T

TRIPLE PLAY
TOP PASSION
VIRGEN ISLAND
VERTIGO
VODKA & TONIC
VODKA COLLINS
WHAT THE HELL
WOO WOO

PAGINA -- 145 – V y W
COCTELES POR GALONES
MOJITO FRESCO
SANGRIA ROJA
PINA COLADA
LONG ISLAND ICED TEA
MARGARITA REGULAR
FRUIT POUNCH SIN ALCOHOL

DEDICATORIA

Este primer libro se lo dedico a todas mi familia, en especial a mi querida madre Catalina Cáceres y a mi amada esposa Miguelina e hijos Jean Carlos, Enerolisa, Jesús Manuel, Marisela, Miguel Encarnación y Delia Bocio y a todos mis nietos/as, hermano/as y sobrino/as. También quiero agradecer a todos mis amigos; en especial a José Guerrero quien tuvo confianza en mi proyecto y aportó la primera ayuda para la formación de B.W.T. A Kirssy Martínez y esposo por su gran colaboración en la corrección de este libro. A Daniel Duarte mi gran amigo y chef de cocina, a sus hijos Darlin y Angy, a mis Suegros, cuñadas/dos, a mis compadres Adolfo T. Roa y familia, Gregorio Bautista y familia, a todos los amigos que de alguna manera han hecho posible la elaboración de este primer libro. A todos, muchas gracias.

Este libro se lo dedico a _____

Con todo mi cariño y aprecio

 # INTRODUCCION

Nací en un campo de la provincia de Monseñor Noel (Bonao), donde pude cursar un octavo curso en una escuela rural bien humilde que existía en mi campo natal. Llegué a la ciudad de bonao por vía de dos hermanos mayores que vivían allí. Lo convencí de que me dejaran estudiar en una escuela hotelera local que existía, llamada *La llave del éxito.* Allí aprendí a ser un ayudante de Mesero y Runner. Luego logré llegar a ser un buen mesero de servicio gourmet, con etiqueta, en el año 1974.

En 1975 al terminar mis entrenamientos, emigré hacia la ciudad capital. Una vez alojado en casa de un familiar, conseguí trabajo como mesero en el área de *banquete* del **Hotel Embajdor.** Tres años después trabajé en el viejo hotel Jaragua con la compañía holiday-inn, hasta el año 1981. Luego pasé a los hoteles Santo Domingo Sur y Norte, de donde me enviaron a tomar un curso de Maitre´D, en la Universidad Católica Madre y Maestra.

Debido a las vacaciones de un profesor de estilo y servicio al cliente en el instituto de formación técnica profesional (**INFOTEP**), tuve el previlegio de sustituirlo en sus funciones, durante el tiempo de su ausencia. De tal manera hoy puedo entender que, el arte de servir a los demás nos ayuda a conocer el mundo de otra manera".

38 años de experiencia en la hotelería, brindando servicio al cliente interno y externo, tanto en mi país República Dominicana como en la ciudad de Nueva York y Nueva Jersey, en Estados Unidos, son parte de la experiencia que acumulo y que quiero compartir con aquellos que quieran entrar al mundo de la hospitalidad.

Este libro servirá de gran aporte al conocimiento de aquellos que deseen convertirse en servidores profesionales, brindando así un excelente servicio, hasta a los clientes más exigentes.

Un **Bartender** debe de tener amplios conocimientos prácticos y teóricos de coctelerías, licores, y en general de todo cuanto concierne a su labor profesional.

El **Camarero** profesional es una persona con características excepcionales, sus cualidades deben ser numerosas, además de necesitar una buena salud física, mental y emocional. Ser un camarero profesional requiere experiencia, pero más que eso, requiere un alto grado de relaciones humanas, disciplina, responsabilidad y entusiasmo.

Es propicio destacar que el conocimiento **incompleto** de sus responsabilidades, puede resultar en un servicio deficiente.

TODOS LOS DERECHOS RESERVADOS.

Advertencia.

Ninguna receta que contenga alcohol mostrada en éste libro, es recomendada para los niños menores de 21 años, ancianos, mujeres embarazadas, personas convalecientes o personas que padezcan de alguna enfermedad.

Las fotos de cocteles que aparecen en este libro son tomadas en las prácticas en vivo de las clases que impartimos en nuestro centro de entrenamientos **B.W.T.**

Las recopilaciones de palabras y fotografías que aparecen en este libro, reúnen una gran cantidad de información e ilustraciones que ampliarán su conocimiento.

Consejo del Director

Distinguidos Alumnos de B.W.T.

Al comenzar este manual de operaciones le brindamos una cordial bienvenida a la industria de servicio y hospitalidad para el cliente interno y externo.

Hoy pretendemos compartir con ustedes una gran parte de lo que es hotelería y además, refrescarle la memoria a aquellos que desempeñan diariamente este tipo de trabajo e instruir a los que recién empiezan.

La palabra clave de nuestro trabajo, se llama **servicio.**

Quiero destacar que: la opinión personal de un cliente que se lleva una buena impresión del país que visita, tiene mayor peso que cualquier publicidad por vigorosa que sea. Parte muy importante de esta impresión depende del buen trato que se le dé en el hotel y restaurante que se aloje o visite dicha persona.

La hotelería: es una de las profesiones más antiguas de nuestra civilización. El viajero ha existido en todas las épocas, y como todo ser humano necesita descansar, comer y dormir. Desde que este mundo comenzó a ser poblado; surgieron varias clases de negocios bajo nombres tales como: posadas, fondas, hostales, conventos, y pensiones; hoy día simplificados en hoteles turísticos y hospitalidad.

La premisa básica de todos estos establecimientos fue proveer a toda persona lejos de su residencia habitual un lugar seguro y placentero. Para satisfacer estas necesidades se crearon establecimientos con la capacidad de suplir al viajero alojamiento, alimentos y bebidas.

La evolución de los negocios de este tipo fue creando lo que hoy día conocemos como **venta**. Hoy por hoy esta industria gastronómica está destinada a brindar un producto que no se mide, ni se pesa: **que es la satisfacción.** Cabe destacar que el conjunto de detalles basados en la decencia, las normas de la urbanidad y el idioma universal de una simple **sonrisa**, es más necesario que todos los instrumentos. No obstante, reconociendo que la buena técnica siempre es imprescindible.

En **B.W.T.** pretendemos que estos párrafos sean de ayuda a la capacitación del servicio gastronómico para aquellos que deseen servir con responsabilidad y amabilidad al turista o cliente, venga de donde venga. Sin tener en cuenta su raza, gaste mucho o gaste poco. Primeramente, es un ser humano y además, parte importante de nuestro ingreso día a día. **Gracias por hacer suyo este consejo.**

B.W.T. Es una institución destinada a brindar servicio de capacitación hotelera en el área gastronómica. Fundada en la ciudad de Nueva York el **5** de enero del año 2005. Dicho centro ofrece entrenamientos para bartender, camarero, protocolo y etiqueta entorno a la mesa, decoraciones, cocina y repostería.

Visión:
Llegar a ser una de las mejores instituciones académicas de gastronomía, tanto en los Estados Unidos como en los Países Latino Americanos.

Misión:
Lograr posicionarnos en la mente de las personas como uno de los mejores centros de capacitación y enseñanza.

Objetivo:

a) Incrementar el número de establecimientos académicos en los Estados Unidos y Latino América.

b) Innovar y mejorar constantemente la imagen de nuestra institución, a fin de lograr la mejor posición en la formación y capacitación de nuestros estudiantes.

c) Brindar el mejor servicio a nuestros clientes internos y externos en nuestros hoteles, bares y restaurantes hispanos caribeños.

"La calidad del servicio que ofrece **B.W.T.** es lo que nos distingue de la competencia. Nuestros clientes lo saben. Por eso nos dan su preferencia." El alumno de **B.W.T.** representa la calidad de esta organización.

Sus ideas y participación en el desarrollo y desenvolvimiento son incomparables en su área de trabajo. Su profesionalismo y distinción reflejan la preparación que ha recibido y dan testimonio de la calidad del centro de capacitación **B.W.T.**, donde recibió dicha preparación.

El siguiente diagrama muestra como todos podemos ayudar a lograr la calidad.

MANUAL DE APORTE A LOS MANAGERS, MESEROS Y BARTENDERS PROFESIONALES

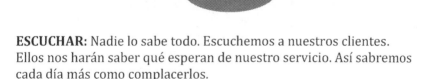

ESCUCHAR: Nadie lo sabe todo. Escuchemos a nuestros clientes. Ellos nos harán saber qué esperan de nuestro servicio. Así sabremos cada día más como complacerlos.

TRANSMITIR: Transmite tus ideas positivas, energía y entusiasmo a tus compañeros de trabajo. Asegúrate de que el cliente perciba tu profesionalismo a través de tu comportamiento.

IMPLEMENTAR: El cliente busca el servicio que conoce. Por eso se han establecido los estándares y servicios que garantizan la calidad constante de B.W.T. Siga los sistemas, respete las jerarquías y por favor, no cambie los procedimientos solo por cambiar. Pues ese es el origen de errores y confusiones.

APRENDER: Cada persona nos da la oportunidad de aprender. Daremos mayor satisfacción si además de nuestras obligaciones, conocemos las que les corresponden a nuestros jefes y compañeros.

CREAR: El conocimiento total de nuestro trabajo nos ayudará a encontrar soluciones creativas para situaciones fuera de lo común, sí dan resultado, de ser necesario se estudiarán y se incluirán como parte de los sistemas estandarizados.

AYUDAR: Todos necesitamos de todos. Como miembro del equipo de su departamento, habrá ocasiones en que otro empleado le pida ayuda. Bríndela y gánese la amistad y el respeto de los demás.

COOPERAR: La satisfacción del cliente es la responsabilidad de todos. Habrá ocasiones en que usted se dé cuenta de que algo falta o algo no está bien. Quizás un cliente le pida algo que está fuera de sus funciones. Por favor, comuníquelo de inmediato a su superior, o ponga al cliente en contacto con la persona adecuada para la solución de su problema.

Cooperación significa estar dispuesto a ayudar a los demás, colaborar con compañeros que necesiten ayuda o asistencia, sin descuidar sus responsabilidades.

CONTINUAR: Hacer las cosas bien, además de ahorrarle tiempo, le evitará llamadas de atención y será conocido entre sus iguales, jefes y clientes como persona responsable, profesional y confiable. Pero lo más importante, es que cuando conozca las ventajas del éxito, usted las buscará tanto en su vida profesional como en el hogar y las disfrutará en todo momento.

"MIS PRINCIPIOS"

LAS EXPRESIONES SON IMPORTANTES EN CUALQUIER IDIOMA, SON:

Por favor, Discúlpeme y Gracias

Demuestre agradecimiento en cualquier momento.
Utilice estos términos aún cuando se encuentre en situaciones tensas
o complicadas, especialmente cuando se encuentre con personas
poca amables. Piense que con su educación está contribuyendo a
cambiar los malos hábitos que algunas personas puedan tener.

En cualquier contexto, es casi seguro que alguien como usted acierte
con este tipo de expresiones. Son palabras fáciles de expresar, no
cuestan dinero y agregan a su persona el valor incalculable de la
cortesía, que es un ejemplo de buena educación y buenos modales.

CLIENTES

**El cliente es como una prenda preciosa que hay que pulirla para
que brille.**
Es el destinatario donde comienza y termina el servicio que le
brindamos; por eso es lo más importante para el negocio para el cual
trabajamos y para nosotros mismos. Al cliente siempre se le da la
razón en el más alto porcentaje posible, porque de ellos depende el
sustento del negocio y el de nosotros sus empleados.

El cliente siempre desea consumir productos de calidad, sentirse una persona importante en todo momento, disfrutar de un ambiente agradable y ser tratado con distinción y cortesía. La mejor manera en que orientamos a nuestros clientes es brindándole la información correcta. Recuerde que nosotros los que trabajamos directamente con ellos, representamos al país donde vivimos y a la empresa donde trabajamos, porque somos los anfitriones o dueños de la casa ante los huéspedes.

ANTE CUALQUIER INFORMACIÓN O PREGUNTA DEL CLIENTE.
¿CÓMO DEBEMOS CONTESTAR?

A) *No sé, lo siento* (sería una repuesta inconclusa y prácticamente negativa.

B) Ay Sr., discúlpeme, no sé la dirección o repuesta que usted necesita, pero si usted me permite un segundo voy averiguarle. (*Repuesta positiva*)

DISCIPLINA QUE DEBEMOS TENER COMO EMPLEADOS

Ser disciplinado requiere que usted se respete a sí mismo para poder respetar a los demás. Comenzamos por ser organizados en nuestras áreas de trabajo, cuando vemos algunas cosas que no están donde deberían estar tratamos de ubicarlas de nuevo en su lugar de origen. No busquemos pretextos y excusas vagas. Pongamos nuestras mentes positivas estando siempre dispuestos a cooperar con nuestro trabajo. Respete su trabajo, sus superiores y sus compañeros.

Demuestre a los demás que usted es el mejor y sirva de ejemplo en todas sus funciones para que sus compañeros sigan sus pasos positivos.

No es recomendable que lleve bultos o mochilas a su lugar de trabajo, esto es para evitar malos entendidos en caso de alguna pérdida de objetos. Sólo lleve consigo lo necesario.

TENEMOS QUE TRABAJAR EN EQUIPO

Una mala relación entre los empleados afecta severamente el servicio de un negocio. Cuando se trabaja en equipo cada individuo es importante. Para trabajar eficientemente y gozar de la profesión hotelera, es indispensable tener un buen entrenamiento y conocer las funciones del puesto de trabajo. ¨**Nota a los supervisores**¨ Es responsabilidad de todo buen gerente y supervisor entrenar a su personal de acuerdo a la política normativa de procedimiento de la empresa en cada departamento.

Si usted conoce su trabajo y responsabilidades se sentirá cómodo con su puesto y proyectará una imagen de confianza al cliente. Recuerde que el conocimiento incompleto de sus responsabilidades puede resultar en un servicio deficiente.

CARACTERÍSTICAS DEL TRABAJO EN EQUIPO

Responsabilidad, integración, cooperación, respeto mutuo y reconocimiento.

Responsabilidad: Cada empleado debe conocer perfectamente sus funciones y esmerarse por llevarlas a cabo con eficiencia.

Integración: Para que un equipo de trabajo funcione debe estar unido. El individuo que crea conflictos está ayudando a desintegrar el grupo. Un grupo desunido no puede ponerse de acuerdo para alcanzar su objetivo.
Cabe añadir que la cooperación de cada trabajador fortalece la unidad del equipo.

Respeto mutuo: Trate a los demás miembros del equipo con consideración. Respete las características personales de cada individuo, siendo comprensivo y tolerante. Esto ayuda a crear un clima de paz y amistad.

Reconocimiento: Agradecer y reconocer la ayuda y labor de los demás. Un simple "gracias" fomenta el trabajo en equipo. "No sé que hubiera hecho sin tu ayuda", son frases sencillas y sinceras que impactan a cualquier persona.

LO QUE TODOS DEBEMOS SER O TENER EN NUESTRO TRABA

> El deseo de complacer a los clientes y a los demás
> Buena caligrafía y buena aritmética al escribir las ordenes
> Buena presentación   > Buena disposición de trabajar
> Conocedor de su trabajo   > Control bajo cualquier tensión
> Confianza en sí mismo   > Cortesía en todo momento
> Amabilidad > Flexibilidad > Buena comunicación
> Honestidad con todos los demás
> Inteligencia   > Lógica   > Madurez
> Lealtad al restaurante u hotel
> Puntualidad con su horario establecido
> Responsabilidad en lo que hace > Sentido del humor
> Tacto comercial > Vocabulario adecuado

CONOCIMIMIENTOS BASICOS SOBRE SALUD PUBLICA
E HIGIENE MENTAL

Cada dueño y manager de un restaurante debe saber cuáles son las principales reglas y normas del departamento de salud e higiene mental.
Al trabajar con alimentos cocidos, listos para servir a los clientes, es obligatorio que por lo menos una o dos de las personas que trabajan directamente con los alimentos, sean certificada por el departamento de salud e higiene mental del país donde vive y trabaja. Es de suma importancia conocer las principales normas y reglas de salúd.

HIGIENE, CONFIANZA Y SEGURIDAD EN EL MANEJO DE LOS ALIMENTOS

El objetivo es que al finalizar este curso tenga los conocimientos básicos, amplios y prácticos, acerca del manejo de los alimentos.

E T A

ENFERMEDADES TRANSMITIDAS POR ALIMENTOS

Son aquellas que se originan por la ingestión de alimentos infectados con agentes contaminantes en cantidades suficientes para afectar la salud del consumidor.

Las enfermedades transmitidas por los alimentos son causadas por algunos tipos de bacterias y virus. Éstos pueden estar asociados con cualquier tipo de producto alimenticio que no ha sido manipulado cuidadosamente. Pero son más a menudo un problema con alimentos provenientes de animales, tales como la carnes de re, cerdo y pollo.

DEFINICIONES

Higiene:
El conjunto de medidas que garantizan la inocuidad de los productos en todas las fases del proceso, desde el inicio hasta el consumo final.

Inocuo: Aquellos que no causan daño a la salud.

Sanidad: Conjunto de servicios para preservar la salud pública.

Inerte:
Características de un material que no modifica las propiedades físicas, químicas o biológicas al contacto con cualquier alimento.

Organoléptico:
La percepción de olor, sabor y textura.

Pe/Ps: Primeras entradas / Primera salidas

Signo de descomposición:
La presencia de líquidos en el fondo de los empaques (agua y sangre).

ALIMENTOS CONTAMINADOS

Son aquellos que contienen sustancias dañinas o microbios que no cambian su color, sabor, olor, textura y apariencia.

ALIMENTOS DESCOMPUESTOS

Son fáciles de detectar porque presentan cambios en su olor, sabor, color, aspectos y textura.

DIFERENCIA ENTRE LIMPIAR Y DESINFECTAR

Limpiar: Es quitar la mugre visible.
Desinfectar: Es usar producto químico
recomendado, o método físico.

CONTAMINACIÓN CRUZADA

Es la transmisión de sustancias dañinas o microbios a los alimentos a través de: *las manos, *tablas, *cuchillos, *mesas, *rebanadoras, *trapos, *esponjas, etc.

USO DE LAS TABLAS DE CORTE

Blanca: > Para pastelería
Roja: > Para cortar carne rojas y cerdo
Verde: > Para cortar verduras y frutas
Azul: > Para cortar pescado y mariscos
Amarilla: Para cortar aves
Beige: > Productos procesados y lácteos

CAUSA DE CONTAMINACIÓN EN LOS ALIMENTOS

Productos físicos: pan, roquetillas, etc.
Químicos: detergentes y otros.
Biológicos: moho, óxido, humedad, etc.

MICROBIOS

Los microbios para duplicarse cómodamentes sólo necesitan 20 minutos de condiciones adecuadas para ellos, tales como:

C- omida,
H-umedad,
A-cidez
T-emperatura,
T-iempo,
O-xígeno

¿COMO SE PUEDEN PREVENIR LAS ENFERMEDADES PROVOCADAS POR BACTERIAS?

1--Verifica el manejo de los proveedores, vigilando la higiene y temperaturas adecuadas.
2--Mantén los alimentos a las temperatura señaladas, fríos y calientes.
3--Recuerda tener tu uniforme limpio, uñas recortadas, mantén el cabello cubierto y usa en los más mínimo joya
4--Mantén tus manos limpias, lavadas antes de iniciar tus labores y después de una interrupción,
5--Mantén los alimentos tapados, durante su almacenamiento y conservación en botes limpios y desinfectados.
6--Lava y desinfecta los utensilios y equipos utilizados inmediatamente después de usarlos.
7--Desinfecta en agua con un mínimo de clorox las verduras, frutas y hortalizas.
8--No dejes a temperatura ambiente ningún alimento, recuerda que dentro de los *zapatos* los microbios se desarrollan más rápidamente.
9--Verifica el estado de los alimentos enlatados, que no hayan latas con abolladuras, golpes, abombamiento u oxidadas. Usa agua potable con clorox o hervida.

1--VEHICULO DE TRANSMISIÓN DE ENFERMEDADES

Los principales vehículos de enfermedades somos
nosotros mismos. Somos el vehículos de contaminación,
a través de manos, cabellos, saliva, sudor y ropa sucia.

2- FAUNA NOCIVA

Los microbios viven y se transportan por
medio de animales e insectos, como las
cucarachas, moscas, ratones y hormigas.

3- ALIMENTOS CRUDOS

Estos vienen contaminados desde sus origen.
(granjas, bodegas, fábricas, rastros, criadero y otros).
Por eso es importante lavar y desinfectar bien las frutas, verduras y
tubérculos (vegetales).

4- AGUA CONTAMINADA

Esta se contamina principalmente por todos los
desechos tóxicos, químicos y agua negras que son arrojadas a los ríos
y mares.

5- TIERRA Y AIRE

Se encuentran grandes cantidades y variedades de microbios, los
cuales también contaminan las plantas, animales y el aire, lo cual
puede provocar muchas enfermedades e incluso la muerte.

HAY TRES ASPECTOS IMPORTANTES QUE NO DEBE PASAR POR ALTO

1 -Lavarse bien las manos
2–Mantener la limpieza e higiene personal siempre
3 –Siempre vestir uniformes impecables

GRADOS DE ALMACENAMIENTO DE ALIMENTOS POTENCIALMENTE PELIGROSOS

* No debe tocar los alimentos cocidos directamente con las manos.
* No debe toser, estornudar o hablar demasiado en frente de alimentos.
* No debe comer en el momento que está trabajando con los alimentos.
* Los alimentos calientes deben estar a una temperatura de 140° F o más.
* Los alimentos refrigerados deben estar a una
  temperatura de 41° F o menos.
* Los productos congelados deben permanecer 0° C o bajo 0%.
* El pollo debe cocinarse a 165° F o más
* La carne molida debe cocinarse a 158° F o más
* La carne de cerdo debe ser cocida a 155° F o más
* La carne de res en *steak* o bistec debe ser cocida a 145° F o más.
* El pescado debe ser cocido a 145° F o más, o crudo a 41° F o menos.
* El atún ahumado se debe cocinar a 145° F y almacenarse frío a 38° F
* Los huevos deben hervir a 145° F, huevos crudos deben ser almacenados a 41° F o menos. Para guardar comida caliente debe ponerse a enfriar rápidamente en un balde de agua con hielo donde la profundidad del recipiente destapado quede sumergido a más de la mitad de la cantidad de alimentos, hasta que se enfríe, a una temperatura de 41° F o menos. Después que esté frío, debe taparlo con una tapa o plástico especial para esos fines.

Almacenes los alimentos cocidos encima de los alimentos crudos para evitar contaminación cruzada. Es preferible enfriar las sopas, caldos y carnes guisadas en porciones pequeñas a fin de lograr un enfriamiento rápido antes de dos horas. La zona de peligro se considera entre 41° F y 140° F donde las bacterias se reproducen rápidamente dentro 20 a 30 minutos. Mantenga un medidor de temperatura en cada refrigerador funcionando de acuerdo con las exigencias del departamento de salud. No debe faltar un termómetro en la mesa de vapor (*steamed table*) para alimentos cocidos preferiblemente use un termómetro bimetálico porque no usa baterías. Debe medir la temperatura de los alimentos cocidos cada 20 ó 30 minutos para asegurarse que todo esté bien caliente. Es recomendable que un trabajador enfermo sea enviado a la casa o al médico si lo amerita. Recuerda que en la mayoría de los casos, está comprobado que la fuente más grande de bacterias es aportada por los trabajadores encargados de la preparación de alimentos,

USO DE GUANTES

Si usa guantes para manejar alimentos cocidos, no use los mismos guantes para ir al baño, tocar algún producto crudo, material químico, dinero o algo sucio. En caso de que tenga que hacer algunas otras tareas, asegúrese de que antes de regresar a los alimentos cocidos se lave bien las manos con agua y jabón desinfectante y cambie los guantes usados por otros nuevos.

TIPOS DE ESTABLECIMIENTOS Y FÓRMULAS DE RESTAURACIÓN

Restaurante buffet: Surgido en los años 70, es una forma rápida y sencilla de servir a grandes grupos de personas. Hace posible el autoservicio permitiendo a uno mismo escoger de una gran variedad de platos cocidos. A veces se paga una cantidad fija y otras veces por cantidad consumida (peso o tipos de platos).

Restaurante de comida rápida *(fast food)*
Restaurantes informales donde se consumen alimentos simples y de rápida preparación como hamburguesas, papas fritas, pizzas, pollo, entre otros.

Comida para llevar *(take out)*
Son establecimientos que ofertan una variedad de primeros y segundos platos, y aperitivos, que se exponen en vitrinas frías o calientes, según su condición. El cliente elige la oferta y se confecciona un menú a su gusto, ya que la oferta se realiza por raciones individuales o como grupos de menús.

Dentro de los *take out* podemos encontrar establecimientos especializados en un determinado tipo de producto o en una cocina étnica determinada.
Al igual que los *fast food*, la vajilla y el pequeño menage (*petitte ménage*) que se usa son recipientes desechables. Un ejemplo son las rosticerías, los asaderos, etc. No obstante, hay restaurantes hispanos con características de restaurantes finos elegantes (*gourmet*) que también ofrecen este servicio de "take out" o "delivery".

Hemos incluido **observaciones importantes** para los **c**ajeros, bartenders, meseros y despachadores de alimentos cocidos.

Es relevante destacar algunos requisitos para el personal que trabaja en el bar o frente al mostrador (*counter*) de alimentos listos para comer, siempre hay que tomar en cuenta que la primera impresión es la más importante, y que éste personal es la imagen viva y directa del negocio. Tambien es importante destacar, las ordenes por teléfono. Los clientes que ordenan por teléfono para servicio a domicilio, son de mucha importancia. Usted debe siempre ser amable, cortés, tolerante, comprensivo y estar siempre dispuesto a complacer al cliente.

En este servicio no debe haber fallo alguno, tanto en la toma de órdenes como en el empaque de las mismas, debido a que cuando se falla en una sola cosa estamos fallando en todo el servicio completo. Por eso, usted debe escuchar atentamente y asegurarse de todas las especificaciones y detalles que el cliente proporcione en el momento que está dictando su orden. Por ejemplo, el punto de cocimiento de una carne o pescado, el tipo de salsa y el tipo de guarnición que el cliente desea con su comida.

Hay algunas cosas que el cliente no necesita mencionar en la orden, no obstante, si usted está pendiente a su trabajo se dará cuenta de que con cada orden que se acompaña con guarniciones fritas, como por ejemplo tostones, papas fritas etc., se debe poner cátchup, sal, y pimienta. Además, todas las órdenes deben ser empacadas con cubiertos desechables, servilletas de papel, sorbetos, y algunas otras salsas dependiendo del tipo de orden. Un fallo en un servicio a domicilio (*delivery*) es un cliente inconforme y si está inconforme es posible que no vuelva a solicitar nuestros servicios y terminaríamos perdiéndolo como cliente.

Restaurantes temáticos: Son clasificados por el tipo de comida ofrecida.
Los más comunes según el origen de la cocina son, la cocina *italiana, china, mexicana, japonesa, española, dominicana, puertorriqueña, francesa, peruana, tailandesa, entre otras.*

Restaurantes de alta cocina o gourmet: Los alimentos son de gran calidad y servidos a la mesa.
El pedido es "**a la carta**" o escogido de un "**menú**",
por lo que los alimentos son cocinados al momento.

El costo va de acuerdo al servicio y la calidad de los platos que consume. Allí existen camareros dirigidos por un Maître D' o Capitán. Hay decoración ambiental, las comidas y bebidas son cuidadosamente escogidas.

Descripción del puesto de *camarero* Reporta al supervisor inmediato o Maître D' del hotel o restaurante.

Funciones Básicas

Proporcionar un servicio rápido y eficiente, con la mejor atención y cortesía, a fin de lograr el 100% de satisfacción del cliente.

Responsabilidades y obligaciones

Estas se plantean con sus ayudantes de camareros para obtener el máximo de eficiencia en su rango; manteniendo constante comunicación con ellos, a fín de garantizar un servicio sin fallos. La puntualidad en el trabajo, la rapidez del servicio, la pulcritud en su manera de servir y la amabilidad son fundamentales en un buen equipo de camareros y ayudantes.

¿Cómo nos evalúan los clientes?

a) Mediante la forma de conversar al dirigirnos a ellos. Ellos nos evalúan de la misma manera que lo haríamos nosotros cuando nos toca ser el cliente, por eso debemos tener una actitud positiva y cordial. No debe reflejar apatía ni mal humor, tampoco inseguridad. Recuerde que cualquier acción negativa se refleja tanto en la venta como en su propina y al final quienes más pierden son el negocio y usted mismo.

b) Mediante la forma de pararnos en frente de ellos para tomar las ordenes. Usted debe tener postura correcta; nunca se apoye de las sillas o mesa, manténgase mínimo a 2 pies de distancia alejado del cliente.

c) Mediante nuestros movimientos o expresiones: Ninguna mesera o bartender debe hacer movimientos fuera de lo común tratando de coquetear con los cliente. Esto puede ocasionar malos entendidos con ellos. Sobre todo si hay damas en la mesa. Nunca utilice términos inadecuados al dirigirse a ellos, como por ejemplo: mi amor, cariño, papi, mi loco, etc. Utilice términos correctos siempre. **Ejemplo; Sta./ Sra./ joven/ Sr./ Sres./ caballero/s, etc.**

d) Mediante nuestro conocimiento en el servicio: Debemos conocer bien el **menú**, tanto el de bebida como el de comida. Así podemos sugerir con seguridad lo que vendemos. De esta manera nos evaluarán como vendedores profesionales.

Los buenos mecanismos para ofrecer un servicio de calidad son:

Prestar atención incondicional al cliente. Mantener un dialogo coherente, demostrando sin lugar a dudas que usted respeta y acepta a las personas sin importar su raza, sexo, cultura o religión. Esto se trata de satisfacer al cliente, sonreír, establecer contacto visual; utilizar su nombre si ya lo conoce. Estar tranquilo y seguro de sí mismo. Ir siempre bien vestido y desempeñar su papel con orgullo y dignidad. El cliente siempre desea un servicio eficiente, veloz, preciso y se deberá dar seguimiento de servicio a los primeros clientes ya atendidos por usted o sus compañeros de equipo.

EL CAMARERO PROFESIONAL

Definición de un camarero profesional

El camarero profesional es una persona con características excepcionales.

Sus cualidades deben ser numerosas, además de necesitar una buena salud física, mental y emocional. Ser un camarero profesional requiere experiencia, pero más que eso, requiere un alto grado de relaciones humanas, disciplina, responsabilidad y entusiasmo. El camarero tiene uno de los trabajos más impredecibles, debido a la variedad de situaciones que se le presentan a diario. Cada cliente tiene necesidades y personalidad distintas. Ser camarero o bartender es una profesión digna, importante e interesante.

La monotonía no existe en la profesión de camarero/ bartender.

Siempre hay algo que hacer, un cliente que orientar, servicios que recomendar y problemas que resolver. Su trabajo es una excelente oportunidad para desarrollarse en el campo de las relaciones humanas. Si usted recuerda dos palabras claves: "SERVICIO" y "CORTESIA", y se guía por la sencillez de su significado, podrá manejar satisfactoriamente el 99% de sus contactos con el cliente y el personal del establecimiento.

DEFINICION DE SERVICIO Y CORTESIA

Servicio es el nombre del trabajo de todo empleado que rinde una labor directa o indirecta dirigida a los clientes. Servicio es lo que el camarero o bartender ofrece al cliente cada día al momento de atenderlo. Servicio es la calidad del trato que el camarero o bartender brinda al cliente, su disposición para atenderlo y la cortesía con que lo hace

Cortesía es el uso práctico de las buenas costumbres y las normas de etiqueta. Tener consideración para con los demás, es tener en cuenta las necesidades del cliente y de sus compañeros de trabajo. Consiste en asumir una actitud positiva en su trabajo en todo momento. Su presentación personal y la forma en que se comunica con los demás son un reflejo de su cortesía. Cuando usted utiliza las reglas elementales con los clientes, estos se sienten bien atendidos. La **cortesía** es el componente número uno en el **servicio**.

CORTESIA DEL CAMARERO PROFESIONAL

Comprende que cada cliente es diferente, pero que cada uno de ellos quiere lo mismo. Es decir, el mejor servicio y un trato cortés. Observa a cada cliente y trata de percibir y anticipar sus necesidades. Ofrece servicios adicionales que el cliente pueda necesitar. También observa a los compañeros de trabajo y les ofrece su ayuda. Esto siempre resulta en un mejor servicio al cliente.

Recuerda que se deben utilizar palabras y gestos adecuados. Cuida su apariencia personal en todo momento y en todo lugar. Trata a cada cliente por igual, brindando a cada uno la mejor atención posible.
Escucha con atención todo lo que el cliente dice para atenderlo mejor y evitar malos entendidos.
Sonríe al saludarlo y al dirigirse a los ellos.
Informa a su jefe o supervisor sobre toda queja recibida de un cliente y recuerda que por regla general, al cliente siempre se le da la razón. Ayuda al cliente con entusiasmo al igual que a sus compañeros de trabajo, contestando todas las preguntas que ellos hagan con sinceridad y exactitud.

REGLAS DE PREVENCIÓN

Puntualidad al menos 15 minutos antes del horario establecido. Esto le evitará entrar en un estado de turbación en caso de que se llene el lugar y usted no pueda dar abasto. No piensa que está regalando tiempo extra a su jefe. El resultado del beneficio final es suyo, porque evitará un posible estancamiento mental y fatiga por no organizarse antes de que el establecimiento se ponga sumamente concurrido. Es recomendable informarse de todos los pormenores **internos y externos** (por ejemplo, en los interno, cuál es el especial del día, cuál es la variedad de picaderas y aperitivos que ofrece el establecimiento. Habla con los cocineros para informarse de todas las salsas, aderezos y guarniciones del día. **externos** (por ejemplo, se cerciora
de algunos establecimientos importantes de su alrededor,
se aprende algunos números de teléfonos de
importancia que el cliente puede requerir, tales como taxis, clínicas, farmacias, etc. Antes de entrar a su área
de trabajo y empezar su labor con los clientes, se prepara física y mentalmente, deja atrás todos los problemas e
inconvenientes que haya tenido antes y se integra a su labor con responsabilidad.

DISCIPLINA QUE DEBE SEGUIR EL CAMARERO PROFESIONAL

*Estar sujeto a los estándares y sistema de la empresa
*Debe de respetar la jerarquía de su departamento y conservar la organización del mismo.
*Mirar al cliente directamente a la cara cuando éste le hable
*Usar voz modesta, lenguaje claro y convincente
*Mantener con los clientes una sonrisa, al dirigirse a ellos.
*Contestar cualquier pregunta en una forma clara, precisa y cordial. Estas son herramientas sumamente necesarias en este tipo de trabajo para lograr el objetivo deseado.

LA COMUNICACIÓN

La comunicación, tanto verbal como corporal, es el principal medio por el cual el cliente percibe el buen servicio y cortesía de un empleado. La comunicación es el arte y la ciencia que un individuo utiliza para transmitir sus ideas y sentimientos a otras personas. La comunicación se exterioriza por medio del uso del lenguaje y del cuerpo. El lenguaje transmite mensajes por medio de palabras. El cuerpo o comunicación corporal transmite mensajes por medio de gestos, ademanes, posturas y la presentación personal del individuo. Para comunicarse verbalmente en forma correcta debemos tener en cuenta los siguientes factores:

Vocabulario: Hacer uso de palabras adecuadas para que los demás puedan entender con facilidad. Ser lo más específico posible indica profesionalismo.

Dicción: La pronunciación correcta de cada palabra es muy importante.

Tono de voz: La cadencia y tono de las palabras deben transmitir una sensación de amabilidad y respeto. Mantener un tono de voz calmado en las horas críticas proyecta confianza y profesionalismo.

Volumen: Utilice el volumen necesario para que el cliente le escuche sin dificultad, pero sin gritar.

CONSEJO PERSONAL

Al iniciar sus labores deberá tomar en cuenta estos consejos personales

Un caballero debe estar bañado, rasurado, dientes limpios, uñas limpias y perfectamente cortadas, el pelo limpio y bien recortado. Una dama debe estar: bien peinada o el pelo recogido, no ponerse mucho maquillaje y perfume muy fuerte. Solo use las prendas necesarias, tales como anillo de matrimonio y aretes pequeños.

ALGUNAS PROHIBICIONES DURANTE EL SERVICIO

1- No usar pulseras ni prendas extravagantes durante el servicio
2- No lentes oscuros, debe mirar al cliente de frente y a los ojos
3- No barba y bigote en abundancia (los caballeros)
4- No leer cualquier tipo de revista o periódico en horas laborables
5- No usar teléfono portátil durante el servicio. Póngalo en vibración
6- No masticar chicle delante de los clientes o en el salón de servicio
7- No comer en frente de los clientes. Espere su tiempo de descanso
8- No rascarse partes íntimas o tocarse la nariz y el pelo cerca de los alimentos
9- No comprar artículos de vendedores ambulantes dentro del establecimiento
10-No hacer reuniones entre compañeros durante el servicio abandonando sus áreas
11-No gritar al ordenar en la cocina, barra o counter de alimentos
12-No toser o hablar demasiado en frente o cerca de los alimentos listos para servir
13-No invente excusas cuando cometa un error, mejor pida excusa y acepte su falta
14-No fumar delante de los clientes y en horas laborables. El hedor a nicotina del tabaco es desagradable y de muy mal gusto, además dañino a la salud.
15-Nunca utilice términos inadecuados al dirigirse a los clientes. Busque la forma de corregir su vocabulario al hablarle

LISTA DE CHEQUEO PARA EL CAMARERO PROFESIONL

*Montaje del restaurante, alinear todas las mesas.
*Preparar y aportar necesidades de manteles, sobre mesas y servilletas.
*Poner mantel a cada mesa (chequear buena ubicación).
*Repartir platos base a cada mesa si el tipo de montaje lo amerita.
*Brillar, repartir y montar los cubiertos a cada mesa.
*Doblar las servilletas y montarlas a cada puesto.
*Brillar y montar las copas necesarias.
*Reubicar cada silla frente a cada puesto.
*Dar limpieza a cada silla.
*Preparar los platos de servicio de cada estación.
*Preparar los cubiertos para el primer plato en el puesto de servicio.

PREPARACIÓN DEL EQUIPO Y UTENSILIOS

+ Máquina de café lista para su uso
+ Gueridon para el servicio *flambeé* frente al cliente
+ Copas para agua, vino tinto y blanco
+ Tazas y platos de café con leche
+ Taza y platos de expreso, téseras y cafeteras
+ Canastas de pan con sus servilletas hechas
+ Los menús y porta cheques deberán estar siempre limpios.
+ *Petite menage* (centro de mesa salero, pimienta,
   aceite verde y vinagre)
+ Revisar los floreros (para el cambio de agua y flores frescas)

Muletilla de reposición de cubiertos

MONTAJE DE LAS DISTINTAS ÁREAS DEL RESTAURANTE

Preparación de la estación:

* Azucareras, funditas de té, aceite de oliva, vinagre balsámico
* Mayonesa, mantequilla, mermelada, tabasco, mostaza y kétchup
* Crema batida, azúcar de dieta y regular, llenar salero y pimentero
* Leche evaporada y regular, queso rallado y rayador, crema de leche
* Canela y nuez mocada en polvo, café regular y descafeinado

SUMINISTROS PARA EL MONTAJE DE MESAS

Siempre traslade los equipos de cubertería, loza, servilleta y
cristalería desde la cocina hacia la estación de servicio sobre una
bandeja limpia. Nunca lo haga directamente con sus manos. Use
una muletilla para el reemplazo de los cubiertos en las mesas.
Cubiertos para montaje rápido en restaurantes típicos.

CHEQUEE Y VERIFIQUE

* Que las loza y cristalería se encuentren limpia y
  que no esté craqueada.
* Que las cubertería no esté doblada ni manchada.
* Para evitar impresiones digitales en la cristalería,
  manéjela con delicadeza.
* Los vasos se toman por la parte inferior.
* Las copas se toman por el tallo, no por el borde ni por
  la parte superior.
* Los platos se toman con el dedo pulgar en el borde y
  los demás dedos en la parte de abajo.
* Los cubiertos se agarran por el trazo, (palote). Debe
ponerse un guante al menos en la mano izquierda para brillar los
cubiertos y la cristalería.

ALGUNAS FORMAS EN QUE DEBEMOS CARGAR LAS BANDEJAS DE SERVICIO

1. Cargar la bandeja

La primera fase consiste en cargar la bandeja poniendo lo más
pesado hacia el cuerpo y la zona que se vaya a descargar primero,
sobre el antebrazo. Hay que equilibrar el peso de manera tal que la
bandeja tenga la facilidad de poder transportarse debido a la buena
colocación de la carga en ella. El siguiente paso es cargar la bandeja
en la mano y brazo, para ello se arrastra la bandeja con la mano
derecha sobre el tablero, cargándola sobre la mano y antebrazo
izquierdo. Se ajusta bien pudiendo sujetarse la bandeja con la mano
derecha en los momentos más incómodos del trayecto.

2. Caminar

Para caminar, hay que hacerlo seguro de sí mismo, con ligereza y nunca hacer juegos o malabares con la bandeja. Un plato hondo lleno de agua sobre sus bandeja puede servir de entrenamiento, recorriendo un camino en zigzag entre los pasillos del comedor. No hay que llevar la vista fija en la bandeja, sino en los obstáculos del camino.

3. Descargar

Puede descargarse lo que lleva la bandeja, tomando sucesivamente las cosas y dejándolas sobre la mesa de los clientes. Se hace descargando de forma que no pierda equilibrio de la bandeja, alternando la carga de un lado y otro. Si la bandeja va muy cargada u ofrece peligro de que caiga su contenido, puede descargarse la bandeja con su carga sobre el tablero de una mesa extra, bajando el brazo y empujando con la derecha hasta dejarla segura. Después se distribuyen las diferentes órdenes a cada cliente. Se recoge la bandeja y si ve algunos platos sucios, vasos o botellas vacías, se retiran. Si la descarga se hace en el mostrador, se realiza de forma análoga.

4. Servir en las mesas

El mejor servicio, es llevar la bandeja en la izquierda y dando la vuelta a la mesa. Si es posible, ir tomando con la derecha lo que corresponde a cada cliente y ponérselo delante. Hay que poner mucho cuidado al ir descargando la bandeja, para no hacerlo de forma que se desequilibre, tomando lo que va cerca de los bordes y reduciendo gradualmente el peso o volumen.

Un servicio de lujo consiste en que la bandeja la lleve un ayudante y el camarero va dejando las diversas consumiciones y sirviéndolas a los clientes sentados.

5. El recoger de las mesas

Una forma simple y utilitaria es cuando la mesa ha sido abandonada por los clientes, dejar la bandeja sobre una mesa extra de descanso y depositar en ella los diversos elementos, intentando equilibrar peso y volúmen. Se carga la bandeja sobre la mano izquierda y se lleva al lugar previsto para su descarga y entrega del servicio sucio.

Para recoger materiales sucios con los clientes sentados alrededor de la mesa, se lleva la bandeja vacía en la mano izquierda y con la derecha se van recogiendo ordenadamente los elementos, depositándolos en la bandeja, que debe procurar no tropezar con los clientes.

Muchas veces se lleva la bandeja cargada con otros servicios, entonces se deja primero el vaso lleno y seguidamente se retiran los vacíos para retornar con ellos al fregadero. Debe extremarse en el cuidado al realizar los movimientos para no derramar líquidos, tropezar, etc.

6. Bandejas con bebidas y cócteles o aperitivos

Deben llevar cubre bandejas, que pueden ser servilletas debidamente colocadas. Se transportan en la mano izquierda y se van ofreciendo a los clientes sin estirar el brazo ni hacer movimientos bruscos. Se protege la bandeja con el cuerpo. Son los asistentes los que toman los vasos y, en ocasiones, dejan los que tienen vacíos; en este caso el camarero los debe colocar detrás de los llenos, tomándolos con la mano derecha, o los entrega al encargado de recoger el material sucio.

En las mesas que tienen algunas personas sentadas, el camarero se aproxima con la bandeja y para quien desee una bebida, toma el vaso y lo coloca a su derecha. El camarero debe ofrecer a las damas de mayor edad de primero y luego a las de menor edad o a quien que se encuentre alejado y que no alcance bien. Por último, a los caballeros y anfitrión. Si sirve a todos los que estén sentados, su trabajo será de mejor estilo y elegancia.

7. Bandejas con picaderas

Deben llevar platillos con blondas de papel. Se llevan en la misma bandeja que se transportan aperitivos de una misma clase (canapés, tortilla, papas, fritos, etc.) o de varias clases, conchas (aceitunas, almendras, avellanas, etc.). Según la necesidad que se haya planteado al cliente para tomar algo, se llevarán palillos, tenedores, cucharillas, salseras, mostaceros, servilletas, etc. Se ofrece la bandeja y cada cual tomará lo que le apetezca.

8. Recoger vasos vacíos

Las copas y vasos vacíos pueden dejarlos los clientes por doquiera o irlos entregando al encargado de recoger el material sucio. En el primer caso, el encargado de recoger el material sucio va recorriendo el local con la bandeja en la izquierda y va depositando en ella lo que encuentre sucio. Puede ir cambiando ceniceros al mismo tiempo. En el segundo caso, debe tomar los vasos vacíos que le ofrezcan y depositarlos en la bandeja, para evitar que los clientes puedan desequilibrarle la bandeja al colocar los sucios. El camarero los distribuirá para equilibrar el peso de los vasos vacíos y los llenos.

NORMAS GENERALES PARA EL MONTAJE DE MANTEL

Limpie la parte superior de la mesa y las sillas con un papel toalla o tela. Si va a usar mantel, primero debe colocar un *mulletón* o segundo mantel como silenciador. Esto para reducir el ruido que resulta del movimiento en la colocación de la loza, cristalería y cubertería. Luego tome el mantel limpio y doblado. Asegúrese que usa el tamaño correcto. Debe colocar el mantel doblado en el centro de la mesa vacía. El mesero se coloca al frente de un lado de la mesa y abre el mantel en forma rectangular. La línea central del planchado en el mantel debe quedar mirando hacía el mesero. Se lleva la mitad del mantel hasta el extremo opuesto. Suelta los dedos anulares para liberar una parte del mantel, dejándolo caer 35 cm, desde el borde de la mesa hacia abajo. Luego trae la línea media del planchado del mantel hasta el centro de la mesa. Libere el mantel de los dedos pulgares, sujetando el último pliegue entre los dedos índice y anular. Se hala el mantel hacía el extremo opuesto. Se suelta y se deja caer. Finalmente, se revisa que el mantel quede uniforme por todos lados. El mantel deberá tocar el asiento de las sillas.

Utilizando este método se asegurará que el mismo esté uniformemente colocado en la mesa. Esta operación requiere de una secuencia de pasos y movimientos por parte del personal del comedor, que aplicados en forma técnica dan como resultado simetría en la mesa. Siempre se debe trabajar en equipo para lograr el montaje total en el menor tiempo posible. Asegúrese de aplicar y respetar el orden del montaje de materiales, creando una técnica fija y constante. Confirme siempre los posibles cambios en la carta del menú, para ubicar el material que corresponda antes del inicio del servicio.

Montaje a la carta

Montaje doble de gala

FASE I: Cubremantel o Tapa

Se procede igual a la operación anterior, pero en forma esquinada, el mantel y el cubremantel jamás deben colocarse abriéndolos y dejándolos caer en forma de globo.

FASE II: Ahora comenzamos a montar las mesas

Plato base: Se toma el plato por la superficie de abajo con la palma de la mano con los dedos abiertos y se sujeta con la almohadilla que se forma más abajo del dedo pulgar, este dedo debe ir recto, jamás debe introducirse en el plato. Antes de colocar el plato base debemos situar las sillas, marcando así donde se dispondrá dicho plato . El plato quedará enfrente de la silla coincidiendo con el borde de la mesa a unos 2 cm del mismo. Tener en cuenta que entre *comensales* (nombre que se le da al cliente durante el tiempo en que recibe el servicio en la mesa), deberá haber una separación de 45 a 60 cm. Si el plato tiene logotipo o monograma se colocará en forma tal que quede en posición de lectura para el comensal.

FASE III: Cubertería

Se debe tomar en cuenta que todos los materiales se deben manipular o tomar en la forma adecuada a fin de no dejar huellas o grasas en las superficies ya brilladas.

La forma correcta de coger cada elemento será la siguiente: Tomar por el mango tratando de no colocar las yemas de los dedos sobre la superficie. Los cubiertos se colocan en el orden que se han de usar, de afuera hacía adentro en ambos lados del plato.

La cubertería se coloca de la siguiente manera: Coloque ligeramente separado del plato base, el cuchillo de servicio, con el filo hacia adentro, y la cuchara a la derecha del plato base. El mango debe estar de **1** a **2** cm de distancia del borde de la mesa y del plato de servicio. Coloque los cubiertos para pescados, carnes y ensaladas a la izquierda del plato base. Ubique el plato para el pan de 3 a 4 pulgadas al lado izquierdo del plato base.

La palita mantequillera encima del borde derecho del plato para el pan. El tenedor y cucharita para postre en la parte superior arriba del plato base. El tenedor con los dientes hacia el cuchillo y la cuchara sopera y la cucharita para té o café hacía el tenedor de servicio.

FASE IV: Cristalería

Se ubican a la derecha de la parte superior del plato. Si son muchas se puede disponer formando un triángulo o hacia el centro del plato de cada persona y se ordena de derecha a izquierda en el orden en que se van a usar. La copa de vino blanco se sitúa en la parte superior del cuchillo de entrada. Luego se coloca la de tinto, la de agua, la de champagne y por último la de licor. Toda la cristalería debe estar alineada.

Otra opción sería igual a la mencionada, pero colocando la copa de licor detrás, formando un triángulo entre la de champagne y la de vino tinto. Una última opción sería colocar la copa de champagne detrás en triangulo con la de agua y la de vino tinto y la de licor a la derecha de la de champagne. Cuando se ofrece agua solamente, se coloca la copa frente a la punta del cuchillo de entrada a 1cm de distancia. Recuerde que todas las copas se deben tomar por el tallo.

FASE V: Decoración

Ubicar la decoración adecuada en el centro de la mesa. Se recomiendan arreglos florales sencillos y bajitos para que no interfieran con la visualización de los comensales al sentarse. Las flores con aromas acentuados no son recomendables, porque interfieren con el olor de los alimentos.

FASE VI: Servilleta

Debe pinzarse y colocarse doblada en forma sencilla sobre el plato base. Si se hacen decoraciones con servilletas, deben manipularse con guantes y se ubican sobre el plato base o dentro de la copa para agua.

FASE VII: Las tazas para té o café con leche

Pocas veces se montan en las mesas a menos que sea para desayunos. Si es necesario montarlas éstas se colocan a la derecha después de la cuchara para sopa y con el aza a las 5 en punto, de acuerdo con la manecilla del reloj.

FASE VIII: petite menage

Se colocan saleros, pimenteros, aceiteros y especias centrados en la mesa, al lado de la decoración asignada. Generalmente no se acostumbra a colocarlos en la mesa, excepto a solicitud del cliente.

MONTAJES EJECUTIVOS

MONTAJE A LA CARTA DE UN PUESTO

MONTAJE DE MESA DOBLE EJECUTIVO DE UN PUESTO

1. Plato base
2. Tenedor de ensalada
3. Tenedor de pescado
4. Tenedor de servicio
5. Cuchara de sopa
6. Cuchillo de pescado
7. Cuchillo de servicio
8. Paletilla de mantequilla
9. Plato de pan
10. Cucharita de postre
11. Tenedor de postre
12. Copa para agua
13. Copa para vino blanco
14. Copa para vino tinto
15. Copa para champagne
16. Servilleta de tela

EL CAMBIO DE MANTELES DURANTE EL SERVICIO

Cuando se cambien los manteles durante el período de servicio, los condimentos, ceniceros, candeleros y floreros ya colocados en la mesa, deben ser manejados de la siguiente manera: Mueva todas las piezas y concéntrelas en una de las mitades de la mesa. Nunca coloque las piezas en los asientos durante el cambio de manteles. Levante una de las mitades del mantel sucio, dejando al descubierto la mitad de la mesa. Traslade sus condimentos hasta la mitad descubierta. Retire completamente el mantel sucio, recordando no esparcir las migajas que posiblemente estén en el mantel. Tome el nuevo mantel (del tamaño correcto) y coloque el centro del mantel al centro de la mesa, desdoble la parte superior del mantel por uno de los lados, traslade los condimentos repitiendo el mismo procedimiento hasta que extienda completamente el mantel limpio. Arregle todas las piezas, de acuerdo con las especificaciones establecidas.

ABORDAR AL CLIENTE A SU LLEGADA Y DARLE LA BIENVENIDA

Trabajo que le corresponde al anfitrión/a o al camarero/a de rango a la llegada de los clientes. Saludarlos e invitarlos a pasar. Preguntar para cuántas personas necesitarán la mesa. Esto para saber cuál mesa asignarles. Retirar las sillas a los comensales, empezando por las damas. Ofrecer perchero para los abrigos y ubicar las bolsas (carteras) de las damas. Si hay niños pequeñitos en la mesa, buscar la silla especial para ellos.

EL CAMARERO COMO VENDEDOR

Uno de los aspectos más olvidados por la mayoría de camareros, es su papel como vendedor de alimentos y servicios del restaurante. La venta y recomendación de platillos y servicios es una prioridad y una de las actividades más placenteras para el camarero profesional. Un cliente se siente importante y bien atendido cuando el camarero y los demás empleados del establecimiento piensan en sus necesidades y le sugieren actividades de las que se hacen en el negocio y en la ciudad, que de otra manera no hubiera considerado. Unos segundos para pensar en las necesidades de cada cliente lo hará muy popular entre ellos. La mayoría se lo agradecerá de una manera muy personal.

Cuando el cliente llega al restaurante usted tiene la oportunidad de saludarlo, preguntarle cómo está, ponerse a su disposición e identificar la personalidad, humor e idioma de él. El camarero profesional debe aprender a palpar el nivel de satisfacción de cada cliente y en base a esto hacer las recomendaciones de lugar. Su trabajo es física y emocionalmente exigente. Por eso usted debe buscar oportunidad para sentirse bien y gozar de su profesión. Solamente así podrá brindar un servicio profesional a los clientes del hotel o restaurante. El proceso de toma de comanda (libreta) presenta muchas oportunidades para comunicarse con los clientes.

En cada etapa, el camarero profesional puede informarse un poco más sobre las necesidades de ellos para así poder vender (sugerir) los servicios que el cliente más apreciará y que por lo tanto, más propenso estará a utilizar. Al cliente solicitar un platillo y mencionar algunos de los componentes, usted tiene la oportunidad dedirigirse a él por su nombre y/o preguntar qué tipo de alimentos o bebidas prefiere. Describa los distintos platillos que pueden satisfacer las necesidades del cliente. Ej., olor, color, sabor, textura, forma de ser preparado, ingredientes, condimentos que lleve el platillo, etc. Si usted ofrece varias alternativas interesantes al cliente, lo más probable es que opte por un platillo que usted le recomiende... Felicitaciones, usted es un buen vendedor.

TRIUNFE EN LAS VENTAS CON UNA ACTITUD POSITIVA

Para inspirar los motivos de compra al cliente, adopte una actitud mental positiva. Para triunfar, usted debe estar convencido de los beneficios que proporciona lo que usted desea vender, de la importancia de su trabajo y de que trabaja para una buena empresa. Su intervención será reconocida y agradecida por el cliente, porque lo que usted vende es útil, es de buena calidad y usted sabe cómo venderlo. Su mensaje de venta debe estar relacionado con el beneficio que su platillo o vino proporciona, porque es eso exactamente lo que todo camarero profesional vende. El mensaje de venta florece en la etapa del convencimiento. Vender es fácil si usted sabe convencer al candidato de que su platillo o vino le proporcionara satisfacción. Los clientes no compran cosas, sino la satisfacción de éstas. Prepare el argumento clave que convencerá al cliente a comprar lo que usted le ofrece.

ASEGURE LA ATENCION DE SU CLIENTE

En la etapa del convencimiento tenemos que asegurarnos de la total atención del cliente. Nunca iniciemos la venta si el cliente está distraído. Si el cliente no nos atiende, no lo podremos convencer. Si no lo podemos convencer, no habrá venta.

El candidato compra cuando quiere.

La gente no hace las cosas cuando no quiere hacerlas.
El cliente compra cuando quiere, cuando está convencido.
Es su trabajo convencerlo de que lo que usted vende, será beneficioso para él. Ponga en acción sus habilidades de vendedor.
El mecanismo del éxito reside en usted mismo. Ordene previamente sus ideas y será dueño de la situación en cualquier venta.

Importancia de las ventas.

La imagen viva de las ventas se mantiene diagnosticando los deseos de nuestros clientes y recomendándoles la solución más ventajosas, logrando que ellos compren y queden satisfechos con nuestro servicio y productos, consiguiendo así que regresen con otros clientes nuevos.
Una venta proporciona una satisfacción mayor al cliente, aumenta las ganancias de la empresa y asegura nuestro puesto de trabajo.
Hay tres etapas que distinguen a la venta moderna, éstas son: **Pre-venta** (ofrecer el producto), **venta** (persuasión del cliente) y **post-venta** (objetivo logrado).

LLEGADA DEL CAMARERO A LA MESA PARA LA TOMA DE ÓRDENES

Salude y dé la bienvenida a los clientes, ya en la mesa. Preséntese con ellos por su nombre. Después de que la *hostess* o (anfitriona) o usted mismo haya acomodado a los clientes y les haya dado el menú de vinos y cócteles. Se ponen enseguida el pan y la mantequilla en la mesa. También se sirve agua si los comensales la desean. Los camareros deberán colocarse mínimo a 2 pies de distancia, a la derecha del cliente para tomar la orden con postura correcta. Debe tener una libreta o un talonario de cheques en la mano. Nunca coloque la comanda en la mesa para tomar una orden.

Las órdenes deberán ser tomadas a un grupo, acorde con la manecilla del reloj, alrededor de la mesa.

Tome nota a la primera persona en ordenar, marcándola con (S-1) = silla # 1. Por lo regular siempre suele ser la esposa o novia del anfitrión. Esto si no hay niños o ancianos en la mesa. En caso de haberlos, serían los primero en que se le tome la orden, luego continúe con (S-2), (S-3) etc. Prosiga con las siguientes damas y caballeros invitados y por último el anfitrión o jefe de la mesa.

El camarero debe tomar la orden en tal forma que él o cualquier otro camarero pueda servir lo solicitado sin tener que preguntar de nuevo a los comensales qué ordeno cada quien.

Dentro del restaurante debe usarse un sistema estandarizado que permita a cualquier persona del servicio (mesero) recoger o servir un platillo correctamente a cada comensal.

Al momento de tomar la orden debe recomendar algún aperitivo para el centro de la mesa, y ofrecerle al cliente los especiales del día. Luego seguir tomando la orden de bebidas. Ordénelas al **bar**, luego búsquelas y sírvalas, y si hay pedido de algún vino, búsquelo y sírvalo. Esto en caso de que el maître D' o capitán esté ocupado. Proceda a preguntar al cliente si ya desea ver la carta principal, momentos antes de la llegada de los aperitivos ya ordenados para el centro de la mesa. En caso de que no haya nada solicitado, asegúrese de cualquier gesto o movimiento de mano que haga el comensal dejando entrever que ya están listos para ordenar el plato principal.

Algunas abreviaciones deben ser utilizadas tanto como sea posible en las comandas de alimentos. El gerente o el maître D' deberá crear y difundir un sistema de escritura rápida que pueda ser fácilmente comprendido, tanto por los cocineros como por los camareros y cajeros. **Ejemplo:** Un filete miñón con papas horneadas, asegúrese de preguntar los términos de cocimiento de la carne; **Rojo (R), Medio Rojo (med. R), Medio (med.)** ¾ **de cocido = a medio cocido,** (¾ o med.C), **bien cocido (B.C. o well done).** Las abreviaciones deben ser bien legibles para que todo el equipo de servicio pueda entenderlas. **Ej., 1 filete miñón. (R./med./med c./ B.C).**

Las guarniciones se escriben de esta manera **P.h. tost. / p. ftas. / Veg./A.h.**1 Chicharrón de pollo con huesos empanizado con tostones = a **Chi. p. c/h. Emp. tost. Ah, p.ftas** 1 Chicharrón de pollo sin hueso natural = 1 **chi. p. s/h nat. (o) Emp. tost. / p. fritas. / A.h neg./ Rj.**

No olvide numerar los platillos de cada comensal acorde con los números asignados de las sillas. Ya tomada la orden, deténgase a repetir lo ordenado a los comensales para confirmarles lo ya ordenado. El camarero es responsable de la continuidad de su servicio en coordinación con la cocina.

Divida las órdenes tomadas en la comanda, distribuyéndolas de esta manera: La hoja blanca a la caja, la azul al rango de servicio, runner o camarero designado, y la rosada o amarilla a la cocina. Esto si no hay servicio de computadora para ordenar directamente a cada departamento.

Si hay un sistema computarizado debe imprimir dos copias, una para el runner y otra para el mesero que le corresponda atender la mesa. En este caso, debe numerar dicha copia con el número de silla que corresponda a cada comensal. Los cocineros y los meseros son los responsables de coordinar eficientemente el ritmo del servicio. Por lo tanto es necesario que las órdenes sean preparadas según el orden de llegada.

Recuerde que los aperitivos, sopas o ensaladas deben ser servidos de primero por la derecha.
*Esté pendiente del cambio de platos y cubiertos sucios en las mesas
*Retire de inmediato las botellas vacías y copas o vasos, excepto las de agua.
*Reponga los cubiertos que puedan hacer falta para los siguientes platos,
*Esté pendiente del servicio del vino cuando las copas estén vacías.
*Retire los platos sucios en conjunto con el ayudante.
*Retire y limpie las migajas de pan o comida. *Presente el menú de los postres y prepare los cubiertos.

DESDE LA COCINA

La cocina de cada restaurante debe establecer su propia política para la colocación de las órdenes de preparación. Antes de retirar un platillo de la cocina, revíselo y asegúrese de que el platillo esté completo. Si está de acuerdo con lo ordenado y si la guarnición y su presentación están de acuerdo con las especificaciones dadas por los clientes.

Cuando el mesero o runner trae los platillos desde la cocina, debe colocarlos en una bandeja grande con el fin de que pueda traer al mismo tiempo todos los platillos que pertenecen a una mesa completa. Así ahorraremos tiempo y a la vez nos aseguramos que todos los comensales comiencen a comer al mismo tiempo. Recuerde que debe servir todos los platillos incluyendo aperitivos y platos fuertes por la derecha. Solo se sirve el plato fuerte por la izquierda cuando el servicio es a la francesa o a la inglesa. La carne, pescado o pollo dentro del plato fuerte, siempre se colocan hacia el cliente, no hacia el centro de la mesa.

La carne o pescado debe ir de frente hacia el comensal

LA BUENA CONDUCTA EN NUESTRA AREA DE TRABAJO ES IMPRESCINDIBLE

Cuando usted no está dando servicio, debe permanecer en su rango, pendiente de la entrada de los clientes, situándose en lugares que permita ver todas sus mesas. Asegúrese de que todo el personal conozca los requerimientos básicos del servicio, porque el trabajo en equipo hace el servicio más eficiente. Así su compañero puede captar cualquier falla que a usted se le haya escapado.

En su posición de camarero o bartender, nunca confronte a los clientes cuando ellos se quejen por algo. Inmediatamente pídale excusa y déjeles saber que usted va a avisar al capitán, supervisor o gerente del establecimiento para que resuelva el inconveniente.

Debe comunicar siempre al supervisor cualquier sugerencia o queja de un cliente. Así puede terminar un futuro progreso del servicio. Contestar de manera inteligente, coherente y agradable a cualquier comentario que un cliente haga, teniendo en cuenta de no llevar una conversación prolongada, ni involucrarse en discusión alguna. Nunca correr, ni causar tensión ante un cliente. Este debe sentirse relajado y confortable. Recuerde no recostarse sobre la mesa, sillas, paredes o algo, creando así una imagen de cansancio, desinterés, pereza y falta de disciplina. En caso de algún derrame o accidente en la mesa, manténgase pendiente para brindar su auxilio. Nunca olvide sonreir y ser cortés con los clientes y compañeros. Recuerde utilizar las expresiones pertinentes. Ellas son: **Por Favor, Discúlpeme y Gracias**

AL TERMINAR LA COMIDA DE LOS CLIENTES

Siempre sigue ordenar algún postre, café o té y un buen digestivo o cognac. Cuando el cliente ordene la cuenta, el supervisor debe revisarla y proceder a presentarla en su porta cheque a la persona que la haya pedido. Cualquier error en la cuenta que requiera ser corregido, debe ser aprobado y firmado por el gerente o su asistente.

MONTAJE DE MESAS PARA EVENTOS

Se requiere de suficiente tiempo para planear y ejecutar los detalles que exigen los anfitriones de un evento. El montaje dependerá de la forma del local, el número de comensales y el tipo de servicio solicitado. Se comienza montando el esqueleto. Se dispondrá de un plano en el que figurará la estructura del montaje y que servirá de guía para situar las mesas. Las mesas que se utilizan en estos eventos tienen patas plegables o de rocas y son de dimensiones mayores que las que se utilizan en los restaurantes.

TIPOS DE MONTAJE SEGÚN EL EVENTO

Bodas y quinceañeros

Se montan mesas rectangulares o redondas. Para una boda, la torta se coloca en un lugar donde pueda tener la mejor vista, y se monta una mesa principal para el número de personas que haya indicado el cliente. Frente a la misma se montarán las mesas del resto de los invitados.

Cóctel impersonal

En este tipo de servicio el montaje no tiene complicaciones; pues solo se montan algunas salitas o sillas, si el cliente lo desea. Monte un bar desde donde servir las bebidas y si es tipo buffet, una mesa para este servicio. Se deben colocar cocineros o meseros de pie, si es requerido.

Desayunos, almuerzos y cenas sentados

Se montan mesas redondas o rectangulares, teniendo en cuenta el menú ofrecido y el tipo de servicio que se va a prestar. Si es plato servido o tipo buffet, de acuerdo al menú se determinan las necesidades de la cubertería que puede ser mixta, clásica o especializada.

Normas a tener en cuenta

* Colocar la presidencia o mesa principal frente a la puerta de entrada
* Procurar que exista el menor número de comensales dando la espalda a la Presidencia
* Entre mesa y mesa debe quedar un pasillo para que el personal trabaje con comodidad
* Se debe montar para un 10-15% más de las plazas reservadas, ya que a veces se presentan más invitados
* Las mesas quedarán alineadas guardando la estética del salón
* No situar ninguna mesa cerca del paso de los mozos a la cocina
*Colocar puntos de apoyo o aparadores para que los mozos puedan auxiliarse durante el servicio.
* Aquellos montajes donde se utilicen varias mesas (T, E, I, etc.) se comprobará que todas las mesas queden al mismo nivel. Las mesas se pueden ubicar de diferentes maneras de acuerdo al evento.
En una mesa rectangular de 1.80 a 2 metros de ancho se pueden acomodar desde 12 a 60 invitados, solo varía el largo de la mesa si el salón lo permite. Esta mesa no puede ser más larga de 30 personas en ambos lados pues resulta poco intimo por la distancia tan grande que hay de una cabecera a otra.

A CONTINUACIÓN PRESENTAMOS ALGUNOS TIPOS DE MESAS

ALGUNOS TIPOS DE SERVICIOS MÁS COMUNES EN NUESTROS PAISES

Servicio francés

Se asocia generalmente a la gastronomía francesa. Este servicio requiere de muchísimo personal, aunque hoy en día no se utilizan tantos empleados, incluyendo en Francia. Más allá de ser utilizado en restaurantes clásicos de alto nivel, la principal característica de este servicio es que todo su menú es elaborado en el restaurante en presencia del cliente. Los ingredientes se traen de la cocina y se le muestran al cliente para su inspección. Posteriormente son devueltos a la cocina, donde se preparan finalmente en una bandeja grande para tales fines. Una vez cocinados, el maître los presenta a los comensales. Estos eligen de entre lo presentado, la cantidad que desean comer.

De manera que el maître prepara la ración delante de los clientes y la sirve en su plato, sirviendo siempre por la izquierda. Este tipo de servicio precisa gran habilidad del personal para ser eficaz, y aun así requiere gran cantidad de personal. Los camareros deben estar familiarizados con los ingredientes del menú y los métodos de preparación. Por lo tanto, el servicio francés es muy costoso y sólo se emplea en los restaurantes de más alto nivel. La francesa al igual que en la inglesa, el camarero presenta la fuente por la izquierda del comensal y éste se sirve directamente a su plato. No se utilizan los cubiertos propios nunca, sino los que vienen con el servicio de la fuente. Tampoco se escarba en la fuente en busca de la pieza o trozo que más nos guste.

SERVICIO AMERICANO (Servicio directo o simple)

Así llamado al servicio sencillo asociado a los restaurantes estadounidenses, una simplificación del servicio a la rusa. La característica que distingue este servicio americano es su rapidez. La comida se prepara en la cocina y un camarero la lleva a la mesa de los comensales ya servida en los platos. Los entremeses se reducen al máximo por razón de la rapidez del servicio. Pero las reglas del servicio son muy sencillas. Servir bebidas y los alimentos por la derecha y retirar los platos por la izquierda. En algunos casos, dependiendo de la ubicación de la mesa,

hay que servir por donde haya la posibilidad de hacerlo. Sobre todo, cuando las mesas están pegadas de la paredes
y no hay espacio para cruzar por detrás de ellos. No se requiere de mucho personal, porque el servicio no es complicado. Este servicio lo encontramos en cafeterías y
en la mayor parte de los restaurantes hispano americanos.

SERVICIO A LA RUSA

A pesar de su nombre, parece ser que este servicio se originó en Francia a principios del siglo xix. Probablemente como servicio de mesa del embajador ruso, Alexander Curación. Al sentarse a la mesa, los comensales se encuentran con un plato vacío, el plato de servicio sobre el que se coloca una servilleta de tela, así como toda la cubertería necesaria colocada en la mesa, a excepción de tenedor de postre. En algunas ocasiones son cubiertos específicos como cuchillos de carne o pescado. Se espera que el comensal se siente para colocar la servilleta sobre su regazo. Tras elegir aquello que va a comer, se retira el plato de servicio y se van trayendo los platos ordenados, siguiendo un orden específico. Usualmente sopa y entremeses primero, luego el plato fuerte y posteriormente el postre. Usualmente según se vaya acabando de comer un plato, éste es retirado y sustituido por el siguiente, sin esperar al resto de los comensales. Tradicionalmente se hace esperar por los entremeses y el plato principal. El maître D' actúa aquí de jefe de sala, pero no toma parte activa en servir los platos. Los camareros sólo tienen que servir los platos ya preparados en la cocina, haciendo el trabajo del personal de servicio más sencillo.

El chef y el personal de la cocina se encargan del emplatado y la presentación, y en general tienen mayor protagonismo que en el servicio a la francesa. Es por ello que este servicio es mucho más dinámico. Es el más empleado hoy en día. Se compone el plato en una mesita auxiliar y se sirve al comensal. (Utilizado generalmente cuando hay que flambear o trinchar). Se sirve primero a los niños que están en la mesa, luego a las damas y por último a los caballeros. Aunque por motivos de orden, se empieza por el invitado de mayor importancia o edad y luego se sirve en orden correlativo de la mesa.

El anfitrión será el último en ser servido. El servicio del pan se hace con pinzas o haciendo una "pinza" con la cuchara y el tenedor. Pero nunca se utilizan las manos para tal fin. Respecto del vino, se presenta al cliente ligeramente inclinado para que vea el tipo de vino elegido **con la etiqueta a su vista**, y por supuesto, cerrado, sin descorchar.

El vino blanco se debe presentar apoyado en la base por una servilleta, ya que al estar frío pueden caer algunas gotas, debido a la condensación, (sobre todo los vinos blancos y cavas o champagne). Se abre con el corta cápsulas para quitar la protección de la botella y posteriormente se utiliza el sacacorchos, sin mover violentamente la botella.

SERVICIO A LA INGLESA

En este servicio, el cliente se sienta en una mesa con un plato de servicio vacío y toda la cubertería necesaria. Pero a diferencia del servicio a la rusa. En este caso el camarero sirve los alimentos al cliente desde una fuente o bandeja. Los alimentos se sirven por la izquierda. La presentación de plato se pierde, y como el servicio es muy incómodo, tanto para el camarero como para el comensal, el servicio a la inglesa sólo es empleado en algunos banquetes. Se presenta la fuente por la izquierda del comensal y el camarero le sirve directamente de la fuente.

Se sirve auxiliado de una cuchara y tenedor o de unas pinzas que realicen esta misma función (pero nunca se sirve con los cubiertos que van a utilizar los comensales).

MUNDO DE LOS VINOS

Tipos De Uvas, Sabores Y Acompañamientos
Con sus características de sabores y maridaje con comidas en la mesa

Tipos de uvas	Sabores	Maridajes
CABERNE SAUVIGÑONN __	Grosella, Cedro, Paquete de cigarro, Mina de lápiz, Pimiento y Cocoa, Menta,Tabaco y Aceitunas.	Beef, Steak, Cordero, Queso y Pizza
MERLOT_____	Ciruelas, Rosas, Pastel, Especias y Cascaras de citrus y frutas tropicales	Roastbeef,Steak,Pavo, Cerdo y Ternera
SHIRAZ_____	Frambuesas, Zanahorias, Pimienta, Especias Variedad de cuero, Caza y Alquitrán	**Aperitivos**: Mariscos, Sopa, Queso de Cabra y Ensalada frescas
MALBEC _____	Olor a Tabaco Fresco, Especias Silvestre y Caramelo	Pepperonis,Steak, Cordero, Chili, BBQ Ribs, y Hamburger de Luxe
TEMPRANILLO_____	Fresas, Especias y Caramelo de Mantequilla	Churrasco, lomo de cerdo, cordero y queso
PINOT NOIR (Borgoña __	Sabor a fresas ,cerezas, pera y goma de mascar.	Frutas, Ternera Pavo y Ensalada Verde
CHARDONNAY Clásica____	Manzana, Melón, Pera, Pina, Melocotón, Mantequilla y Vainilla.	Pescados. Quesos, Aves, Pastas y Frutas
GARNACHA Chaeufneu Dupa	Hierbas recién cortada, Judías, hojas de grosella en flor y Espárragos de lata.	Cerdo, Ternera, Cordero
COLOMBARD(nac y Cognac	Frambuesas, Cerezas, Fresas, Arándonos, Violetas, Rosas y Abono	Panecillo, Aves pescado, y mariscos
SAUVIGÑON BLANC _____	Manzanas Verdes Crujiente y Asadas, Lila, Naranja, Especias, chinola O maracuyá y Dulces	Dulces, Frutas Quesos, Pavo, Cordero
CAMAY (Vino Beaujolai __	Zarzamoras, Especias, y Pimienta negra recién recogida	Festejo ocasionales
RIESLING Alemania _____	**Intenso**. Verbena, frambuesa, Flores Con Un Toque de Violeta y Sabor a Roble	Beef, Cerdo, Pavo, Ternera
ZINFANDEL _____	Sabores: Uvas, Naranjas, Rosas, Pasas	Postres, queso, cerdo ahumad
SANGIOVESE _____	Cereza, Pasas, Cocoa, lápiz, Tabaco	Beef, Tocino, Jamón y Pasta
MOSCATEL _____	Tanto seco como dulce con sabor a talco y meloso a Alsacia.	Queso, Dulce y frutas
PINOT GRIGIO >_____	Cerezas amarga, Especias, Tabaco y hierbas	Pastas, Aves, Mariscos Y Pescados

SERVICIO DE LOS VINOS Y CHAMPAGNE MÁS CONOCIDOS

Selección de los vinos

El menú de vinos lo presenta el Maitre D', el Sommelier o el Mesero que maneja el servicio de los vinos en un restaurante. El Maitre D', o el Sommelier ayudan al cliente en la selección de su vino, si así se requiere.

PRESENTANDO EL VINO

Una vez tomada la orden, el vino se presenta a la persona que lo ordenó o al anfitrión. Debe mostrarse la etiqueta y repetirse el nombre y cosecha del vino para que el cliente la apruebe. Coloque una servilleta de tela alrededor del cuello de la botella cuando vaya a presentarla. Esto para mantener la temperatura y evitar que gotee agua sobre el mantel. El vino debe servirse tan pronto como ha sido ordenado. El vino blanco primero se coloca sin abrir en una champanera o hielera hasta que esté listo para ser servido.

COMO ABRIR UNA BOTELLA DE VINO. CONSEJOS, INDICACIONES Y TRUCOS

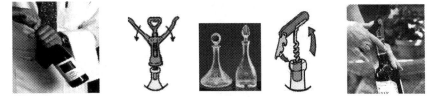

El vino tinto debe ser colocado suavemente en un gueridon o mesita auxiliar, esto para evitar que algún sedimento se esparza por todo el líquido dentro de la botella. El vino tinto debe ser abierto y vertido en un decanter cristalino bien despacio frente al trasluz de una vela encendida para así poder observar y evitar que alguna posible partícula del sedimento caiga en el traspaso del recipiente.

Si no hay tal decánter utilice una canasta para colocar la botella en la mesa para que el vino respire. La canasta aplica solamente con los vinos tintos. Estos deben ir a la derecha del anfitrión o de la persona que ordenó el vino.

¡Ojo! Siempre es recomendable abrir la botella de vino en frente del cliente. Corte y retire el sello de metal o plástico que cubre la cabeza de la botella. Después de cortar y retirar el sello, limpie y retire cualquier residuo que haya creado y permanezca cerca del tapón. Inserte el saca corchos en el tapón. Evite introducirlo hasta el final para que no caigan partículas del corcho dentro de la botella de vino. Saque el corcho cuidadosamente y poco a poco. Ya afuera al menos ¾, acabe de sacar el corcho con las manos evitando que haga ruido. Tómelo por su parte superior, evitando tocar la parte baja que se encontraba dentro de la botella. Presente el corcho a la persona que ordenó el vino. Una vez que el anfitrión haya examinado el corcho, vacíe una pequeña cantidad del vino y preséntesela al anfitrión para su aprobación. Nunca sostenga las copas de vino en la mano, al momento de servir el vino.
A la dama sentada a la derecha del anfitrión se le sirve primero, siguiendo con todas las demás damas sentadas alrededor de la mesa, luego a los caballeros, y por último se le sirve al anfitrión.

Asegúrese de dejar la copa de vino en la mesa mientras le sirva. Si el vino es tinto, coloque la botella en la canasta, o en la hielera, si el vino es blanco. Una botella de vino de 26 onzas equivalente a 750 mililitros, contiene 4 copas de 6.5 onzas, equivalente a 187 mililitros cada una. Habrá momentos en que se sirvan más de 6.5 o menos, dependiendo de la cantidad de personas que hayan en la mesa al momento de servirla.

El uso de la copa para el comercio de detalle debe ser una copa de 9 Onzas fls. para dejar espacio libre de 2 ½ onzas. De esta manera el cliente podrá girar la copa sin que se derrame el vino al momento de beberlo.

Todo vino blanco debe estar en una nevera con temperatura de 7grados C. y 12 grados C. de frío. Tanto del vino blanco como del vino tinto se sirven las mismas cantidades de onzas. El tinto en una copa más ancha que la del blanco.

Existen algunas copas grandes y elegantes que son unisex, éstas se pueden usar. Pero usted como buen bartender o mesero no debe servir más de 6.5 para el comercio. Por lo regular, siempre que se usan estas copas, es cuando el cliente compra una botella completa.

Si a usted le toca usar este tipo de copa trate de servir con cuidado, que el vino le alcance para 4 cantidades iguales de 6.5 onzas. Si es posible busque la forma de medirla. Una botella de vino de 1.5ml. contiene 8 copa de 6.5ml. cada una.

Al servir el vino a cada copa, levante ligeramente la boca de la botella, haciéndola dar un giro, sobre sí misma de ¼ de vuelta. Hágalo lentamente, esto evitará que gotee sobre el mantel de la mesa. Durante el curso de la comida, observe cuidadosamente la mesa, con el objetivo de rellenar las copas, cuanta veces sea necesario. Cuando se haya consumido la botella de vino blanco completa, no la coloque boca abajo dentro de la hielera. Déjela parada y trate que el cliente observe que está vacía y aproveche para ofrecerle otra botella.

LOS VINOS Y SUS CARACTERISTICAS

Es el producto de la fermentación alcohólica natural total o parcial de la uva fresca, madura y seca.
Uva fresca es la que no ha alcanzado su madurez total.
Uva madura es la que ha alcanzado su total madurez.
Uva seca es la que pasa mayor tiempo en la mata.

Fermentación: es una reacción bioquímica natural de la uva.
Los vinos se clasifican por su color, por el azúcar y por su grado alcohólico.

POR SU COLOR SE CLASIFICAN EN

Blanco: producto de la fermentación natural de la uva blanca y tinta. (los (vinos blancos fermentan sin la presencia de las pieles y hollejos).

Tinto: producto de la fermentación natural alcohólica de la uva tinta.

Rosado: se deja mayor tiempo en contacto con la cáscara de la uva. (Los vinos rosados y tintos se dejan fermentar con los hollejos. Para adquirir los rosados se deja el jugo en contacto con la cáscara tan solo 1 ó 2 días. En el caso de los tintos se dejan de 7 a 15 días. Por lo que los hollejos o pieles que contienen los pigmentos colorantes rojos (taninos), son indispensables para la constitución de estos vinos.

POR EL AZÚCAR SE CLASIFICAN EN
Seco, Dulce, Semi-dulce y Brut: Muy seco / **Extra dry:** Extra seco, Medio seco **Demi-sec:** Algo dulce/ **Rich doux:** Muy dulce

Por el grado de alcohol se clasifica en:
*Vino superior de 13 a 18 grados de alcohol. Los vinos de reserva pueden estar 5 años de maduración y son vinos robustos.
*Vino de mesa de 9 a 16 grados de alcohol. Estos vinos tienen diferentes periodos de maduración. Pueden estar 14, 24, 36 o 48 meses y son considerados vinos de mesa o joven.

Chardonnay: Vinos blancos de uvas tintas, se obtienen generalmente con el jugo de la primera prensada que es claro, retirándolo y evitando que esté en contacto prolongado con la cáscara, que es la que le da el color tinto.

Sake: Vino japonés elaborado de la fermentación de arroz. Se toma en pequeñas copas.
Enocianina: pigmento colorante que se encuentra en la cáscara de la uva el cual le da sabor y color a los vinos.

Levaduras: se encuentra en la cáscara de la uva y es elemento importante en la fermentación.

Corcho: proviene de un árbol llamado alcornoque y se caracteriza por tener células con aire. Los corchos largos son para los vinos de larga vida (5 años o más) y los cortos para los vinos más jóvenes.

Trasiego: pasar un vino de un envase a otro.

Afinamiento: es cuando el vino se coloca a reposar en la botella. El vino es foto sensible a la luz, por lo tanto debe de conservarse en bodegas oscuras.

Los vino que se llaman igual que la uva que los producen reciben el nombre de **varietales** y aquellos que tienen gas carbónico en su composición se llaman vinos de aguja.

Pinot Grigio, Riunite, y Su temperatura de conservación es de 22 grados centígrados.

Normalmente los vinos rosados deben consumirse cuando son jóvenes y afrutados. Por lo tanto, no se recomienda conservarse por más de 5 meses. Los vinos blancos de 1 a 2 años. Pasado este tiempo puede adquirir un aroma ajerezado y en la degustación los encontramos menos frescos y afrutados. Los vinos tintos por el contrario, pueden conservarse hasta por 10 y 20 años.

TEMPERATURA Y LUGAR DONDE SE DEBEN MANTENER LOS VINOS TINTOS

El vino tinto debe mantenerse en un lugar oscuro y seco, donde no haya humedad, a una temperatura de entre 10C a 18C grados, no muy frio, tampoco muy caliente. Los vinos más jóvenes ligeros de 10C a 12C., joven con cuerpo de 12C a 14C., joven con cuerpo reserva de15.5C a 17C., los vinos viejos entre 17C a 18C.

Los vinos Blancos: Secos jóvenes entre 7C a 10C., secos de crianza, de 7C a 12C.

Champagne Brut: Entre 6C. y 7C. Vino Rosé, entre 7C y 11C.

Vinos Rosados dulce: de 6C a 8C. Rosado y claretes entre 6C y 10C.

Jerez fino y Manzanilla entre 6C a 7C.

Vino: Para determinar que se trata de un buen vino, cuando el mesero le coloque el corcho en un platito, éste se coloca sobre la palma de la mano y si se producen burbujas o humedece la mano, significa que es de buena calidad.

* El vino blanco se sirve frío, a una temperatura de 6 a 8 grados Celsius y se utiliza para carnes blancas, mariscos y pescados.
* El vino rojo se sirve a temperatura ambiente y se utiliza para carnes rojas.

* El vino rosado se sirve frío para cualquier tipo de carnes dependiendo del gusto de cada quien.

EL CHAMPAGNE

El Champagne es un prestigioso vino espumoso del noroeste de Francia, el cual desde el siglo XVII es símbolo de calidad, perfección y buen gusto. Se llama champagne a los vinos burbujeantes. Su nombre proviene de la región de Champagne de Francia donde vivió el monje Dom Perignon, a quien se le atribuye su creación, alrededor de 1668, el cual estuvo dedicado a tan noble labor por unos 47 años. El champagne es un vino blanco hecho mayormente de la uva Pinot Noir, conocida como uva negra y la uva Chardonnay.

El arte de hacer vino blanco con uvas negras reside en no permitir que el jugo de la uva, que es blanco esté en contacto prolongado con la cáscara, que es la que le da el color tinto. Una vez exprimida la uva, el jugo del cual se hace el champagne, es el de la primera prensada que es el más dulce y más claro. Durante el primer proceso de fermentación se elimina cualquier rastro de impureza por unas 24 a 36 horas. Después el mosto se transfiere a unos barriles de robles. Durante las próximas 8 a 10 semanas, el mosto se convierte en vino nuevo y la mayoría del azúcar se transforma en alcohol y ácido carbónico.
Después se unen los vinos de diferentes bodegas para obtener un vino uniforme que se dejará en reposo unas 5 a 6 semanas.

Luego se procede a seleccionar la cantidad de vinos de cada viñedo que tienen almacenados anteriores para este depósito. Al momento de ser embotellado se le añade el Licor (liquor) de Tirage, una mezcla de dulce de azúcar diluido en vino de champagne. Inmediatamente es almacenado en húmedas y frías bodegas de yeso para dejarse en reposo 2 a 3 años. Antes de finalizar este período ya el vino ha fermentado todo el azúcar y puede considerarse champagne pero no está lista para servirse. Durante la fermentación que se efectúa en la botella, el champagne libera partículas que se asientan en el corcho con que se sella la botella.

El sedimento se extrae moviendo la botella desde una posición horizontal hasta ponerla boca abajo.

En la industria moderna este proceso se facilita congelando la boca de la botella para que se solidifique el sedimento.

Una vez retirado el corcho, se le añade Liqueur D' Expedition, una mezcla de azúcar y vino de champagne con brandy.

El vino disuelve el azúcar. El azúcar endulza el vino y el brandy detiene el proceso de fermentación. La cantidad de Liqueur D' Expedition depende de si el champagne será Brut, Extra Seco o Demi Sec. La botella es sellada con un corcho más grueso que el anterior y será asegurado con una tapa alambrada amarrada de la botella.

VINTAGE: Un champagne vintage es aquel elaborado con el producto de los viñedos de un solo año. Sin embargo por encontrarse la región de Champagne, tan al norte, no todos los años la cosecha es suficiente, ni de tan alta calidad como para elaborar el champagne. Entonces se combinan vinos de cosecha anteriores hasta conseguir uno de alta calidad, que sin embargo no puede llevar impreso en el corcho ningún año específico.

Burbujas: Las burbujas chispeantes que distinguen al champagne de los otros vino son producto de la segunda fermentación que se lleva a cabo en la botella. Sin embargo, hay otros métodos más económicos como la fermentación en tinta o la inyección de dióxido de carbono en la botella. Pero sus resultados no son tan satisfactorios.

UN POCO DE PROTOCOLO Y ETIQUETA

Buenas maneras en la mesa, etiqueta en el comer, etiqueta social y empresarial. Reglas más usadas a nivel universal para comidas y recepciones.

Comportamiento en el restaurante.

No es de extrañar que muchas veces se juzgue a alguien por sus modales en la mesa. Es muy importante conocer ciertas reglas básicas que nos evitarán dar una mala impresión delante del resto de los comensales.

A continuación presentamos algunas de las reglas más usadas a nivel universal para comidas y recepciones:

1 No se maquille o se peine en la mesa

2 No se cuelgue la servilleta del cuello.

3 La servilleta se coloca en el regazo. Si es pequeña se puede abrir del todo. Si es grande se mantiene doblada hacia usted.

4 Si desea compartir comida, utilice un plato extra.

5 Nunca trate de enfriar una sopa o bebidas caliente soplando encima de ella.

6 No empiece a comer hasta que su anfitrión lo haga o hasta que se lo indiquen.

7 Nunca debe fumar durante una comida. Si no tiene otra opción, al menos hágalo después que hayan comido el postre.

8 Cuando termine de comer, coloque la servilleta al lado izquierdo del plato, nunca encima del mismo.

9 Nunca use palillos de dientes en la mesa.

10 Cuando haya terminado de comer no retire su plato ni lo amontone. Coloque su tenedor y cuchillo en la posición del reloj como si fueran las cuatro y veinte" "con el tenedor boca abajo y el cuchillo a su derecha mirando hacia el tenedor.

Lenguaje y posición de los cubiertos

| Siguiente Plato | Excelente | Pausa | No le gustó | Terminó 4:15 a 4:20 |

DISTRIBUCIÓN Y USO DE LOS UTENSILIOS.

*Muchas veces la distribución de materiales en la mesa puede confundir, pues hay muchos tenedores, cucharas y cuchillos; pero no se preocupe. Siga éstas reglas y saldrá bien.

* Inicie por los cubiertos de la parte exterior y vaya tomando los demás con cada plato que se sirva, o sea, el tenedor que está más lejos del plato, será el primero que use.

* Los cubiertos se usan a la izquierda y los cuchillos y cucharas a la derecha. La excepción es el tenedor de ostras o mariscos que se ubica a la derecha junto a la cuchara sopera.

* Si usted no apetece carne, sopa u otro plato, el camarero le quitará los cubiertos que no necesite.

* El cuchillo para la mantequilla se utiliza en forma transversal sobre el   platillo para el pan o a la derecha, en la fila de cuchillos

* El vino tinto se sirve en copas redondas y de pies cortos.

* El vino blanco se sirve en copas un poco más pequeñas y de pies más largos.

* Todas las copas se cogen por la base o tallo.

* No se recomienda servir un vino blanco después de un tinto, debido a que el vino tinto siendo más fuerte insensibiliza el paladar y le impide degustar un buen vino blanco.

* Para utilizar las copas, comience utilizando la que se encuentre más cercana a su mano derecha. Será bueno conocer el **maridaje** (los tipos de vinos que combinan con cada tipo de comida). Por ejemplo, el jerez para un plato de sopa, vino blanco para plato de pescado o pollo, vino rojo para carnes.

* La cucharita y el tenedor de postre se ubican en la parte superior del plato.

* Cuando le sirvan el postre tome el tenedor para comer el postre, pártalo con la cuchara, empuje la comida con el tenedor y coma con la cuchara. El tenedor se toma con la mano izquierda y la cucharita con la derecha.

* En una comida formal no se deben servir botellas con refrescos.

* La cucharita del café se coloca a la derecha del plato o se trae con el café.

Ejemplos De Cómo Se Deben Usar Los Cubiertos En La Mesa

1=Manera correcta de asir el cuchillo.
2=Manera de usar el tenedor sin el cuchillo.
3=Manera de asir el tenedor cuando se utiliza el cuchillo para cortar.
4=Uso del cuchillo para llevar la comida hacia el tenedor.
5=La comida no debe colocarse en el tenedor por el lado
    externo. Evite tocar a sus vecinos con los codos.
6=Uso del tenedor y de la cucharita para comer un postre.

Sopa: Se coloca en la mesa ya servida. No se sopla o se revuelve. La cuchara se toma de adelante hacia atrás. Así evitara que al levantar la cuchara caigan gotas sobre el mantel. No se debe inclinar el plato para tomar la última gota.

Pan: Se parte con las manos en pequeños trocitos conforme se vaya comiendo.

Mantequilla: Se sirve en platitos individuales y un cuchillo paletilla.

Cangrejo o langosta: Si no se presenta un instrumento para comerlos se sostiene con la mano izquierda por el caparazón y con la derecha se arrancan las patas, se rompen y se extrae su contenido con ayuda de un tenedor especial. La cola de langosta se desprende con un cuidadoso tirón.

Arroz: Se come con tenedor igual que cualquier otro alimento suave. El postre de arroz en dulce de leche, puede comerse con cucharita.

Papas: No se cortan con cuchillo. Si se presentan sin pelar, se sostienen con el tenedor y se parten como una fruta.

Verduras: Se comen con tenedor. No se cortan con el cuchillo. En el caso de los espárragos como entrada, se pueden comer con las manos.

Pescado: Con tenedor y un cuchillo especial. Y si es en conserva como sardinas, ayudado por un trocito de pan.

Carnes: Nunca se corta en el plato toda a la vez, sino en trocitos a medida que se come. Las carnes blandas se pueden partir con el tenedor.

Aves: Lo correcto es comerla utilizando tenedor y cuchillo aunque en caso de que tenga huesos grandes, puede comerla con las manos.

Aceitunas: Con las manos o un palillo si es aperitivo, con tenedor si forma parte de un plato.

Pasteles: Se comen con tenedor.

Mermelada: Primero pásela a un lado de su plato y luego a la tostada o panecillo.

Ensalada: Si es de hojas se sirve ya partida y no se utiliza cuchillo.

Frutas: Estas se cortan con el cuchillo y se comen con el tenedor. En el caso de las naranjas y toronjas, se parten por la mitad y se comen con ayuda de una cucharita. También se pelan totalmente con ayuda del cuchillo y un tenedor y se llevan los gajos a la boca con el tenedor. Las manzanas se sujetan con el tenedor y con el cuchillo se le corta la parte que tiene el tallo. Se hace lo mismo con la sección opuesta y luego se divide en cuartos. En el caso del melón se separa la pulpa de la cáscara con el cuchillo y luego se le hacen cortes verticales para formar pequeñas porciones.
La pulpa del melón se puede comer con una cucharita mientras se sostiene el melón por la corteza con la mano. Cuando se trate de banana madura corte los dos extremos primero. Se abre la cáscara y se saca la pulpa que se va cortando en trocitos a medida que se come.

CONOCIMIENTOS BÁSICOS DE LAS FUNCIONES HOTELERA

En la antigüedad la mayoría de las personas que se desplazaban y querían servicios de alojamiento y comida eran comerciantes o miembros de legiones militares que participaban en cruzadas religiosas. Estos crearon caminos, rutas comerciales e intercambio de conocimientos entre distintas culturas. El avance tecnológico de los medios de comunicación y transporte del siglo facilitó el comercio exterior e hizo los viajes más placenteros. La facilidad de viajar cómodamente inició la actividad que hoy se conoce como turismo.

Algunos de los motivos que generan estadías hoteleras son:
viajes de negocios, vacaciones, conferencias, convenciones, asuntos familiares, entrevistas, atrasos de aviones, etc.

EL HOTEL COMO ORGANIZACION

El camarero y el bartender de hoteles son parte de una organización compuesta por varios departamentos. Empezaremos diciendo que los distintos departamentos que constituyen un hotel tienen gran importancia y ninguno es más relevante que el otro. Un hotel es una empresa de servicios. La sincronización, coordinación y control interdepartamental es lo que va a determinar la categoría del hotel y su reputación a nivel comercial. Cada departamento tiene sus funciones concretas y específicas, pero todos desempeñan un papel muy importante dentro de la empresa.
Usted no trabaja solo. Todos los departamentos del establecimiento y sus respectivos empleados tienen un objetivo en común: brindar el mejor servicio al cliente y contribuir al éxito del negocio. Este objetivo puede alcanzarse únicamente si todos trabajan en armonía.

GERENCIA GENERAL DE UN HOTEL

Funciones básicas del un gerente general de un hotel
Dirigir y evaluar la gestión de los gerentes de cada unidad bajo su supervisión.
Fijación, seguimiento y control de pautas de coordinación aplicables por las áreas operativas bajo su dependencia.

1. Mantenimiento de vínculos con organismos gubernamentales por medios de representantes hoteleros.
2. Analizar el presupuesto general de la compañía y los desvíos significativos como una herramienta fundamental para la toma de decisiones.
3. Suministrar a los gerentes de Departamentos los datos proyectados necesarios para la confección del presupuesto.
4. Asistir a conferencias, banquetes y convenciones donde se requiera la participación del hotel como institución.
5. Representar y defender la posición de la compañía en cámaras hoteleras a las que adhiera la institución.
6. Autorización y justificación de horas extras según la política definida.
7. La generación de políticas de acción homogéneas en las diversas unidades de negocio para las practicas comunes.
9. La determinación de las necesidades estándares de insumos, materiales, recursos humanos y económicos por unidad de negocio a efectos de garantizar el mantenimiento operativo de las mismas.
10 Participación en el proceso de definición de políticas generales para la compañía.
11 Evaluación, interpretación y transmisión a la presidencia de la información generada sobre su área.
12 Firma de cheques en forma conjunta con el gerente administrativo de acuerdo a los procedimientos definidos por la dirección. Realización de análisis de la competencia, incrementar nuevas metodologías para prestar mejores servicios y atención de clientes.

MISIÓN DEL DEPARTAMENTO DE RECURSOS HUMANOS DE UN HOTEL

(Gerente de recursos humanos: administración de personal/ Prestaciones y servicios/ contratación y capacitación)
Objetivo del Departamento de Recursos Humanos:

Aportar, propiciar y conjugar los elementos necesarios para crear un clima laboral de armonía, donde haya una relación saludable entre los empleados.
Crear un ambiente **familiar** en el hotel. Establecer condiciones que propicien la motivación laboral y sobre todo, buscar el desarrollo

profesional de todas las personas que integran el factor humano del hotel. **Distinguirse** por brindar **calidad humana** altamente calificada y eficiencia en los servicios a clientes internos y externos. Lo que el gerente de R.H. fomentará o perseguirá es: oportunidades iguales y acción afirmativa, seguridad y salud de los empleados del hotel, el manejo de quejas y las relaciones laborales.

IMPORTANCIA DE LA ADMINISTRACION DE RECURSOS HUMANOS

Una adecuada administración de personal en la empresa hotelera garantizará que se cuente con el personal necesario en todas las áreas en cualquier momento que se necesite. asegurando así un excelente servicio.

Actividades del gerente de Recursos Humanos:

1 Definir las descripciones de puestos, en coordinación con los encargados de área.
2 Analizar y evaluar los procesos de reclutamiento selección y contratación del personal.
3 Realizar entrevistas a candidatos a puestos. Verificar que la información proporcionada por el futuro trabajador, sea verdadera.

DEPARTAMENTO DE SEGURIDAD

Este departamento tiene como finalidad el proteger todas las áreas del hotel de accidentes, robos, etc. Verificar que todo el personal del hotel esté seguro. Este departamento vigila las instalaciones, los negocios y las actividades desarrolladas a su alrededor con el fin de detectar posibles infiltraciones de elementos indeseables que den lugar a molestar y a causar inseguridad al huésped. Por otra parte, se busca determinar los posibles riesgos de accidentes, incendios y/o contaminación del ambiente del hotel.

La seguridad interna: incluye la seguridad desde el ingreso hasta el interior de los dormitorios. Para ellos cada hotel requiere diferentes distribuciones o disposiciones de plantas, según el proyecto original. El punto de partida es importante para la seguridad interna, o sea, la construcción del hotel en función de los puntos vulnerables, como por ejemplo, ventanas grandes, puertas estrechas, bordes o muros disimulados sin terminar, que constituyen causas de accidentes.

El cuerpo de seguridad interna se involucra con todos los diferentes departamentos tales como alojamiento, área administrativa, A y B, área recreativa, entre otros; velando por lograr la perfección para asegurarse de que nada pueda representar peligro o amenaza alguna para el cliente. Un buen ejemplo de la involucración de la **seguridad interna** en el área de **alimentos y bebidas** es: que ésta se encarga de implementar procedimientos rutinarios para supervisar la calidad e higiene de los alimentos.

Seguridad física al personal durante las 24 horas, lo cual incluye medidas preventivas desde el exterior hasta el interior del edificio. La seguridad externa abarca básicamente la seguridad perimétrica y de la entrada del hotel.

La disposición y distribución del hotel dificulta la vigilancia cuando tiene demasiadas entradas y salidas, pero no cuando se presenta como un edificio compacto. La seguridad externa está formada por varios equipos de control de acceso: casetas de ingreso en las entradas principales y un grupo de personas encargadas de supervisar y evaluar los aspectos siguientes:
> control de entradas de visitantes
> servicio de policía cercano
> tipos de clientes que frecuentan el hotel
> localización del hotel para determinar el
  entorno humano que rodea la instalación

CONTROL DE TIEMPO DE ENTRADA Y SALIDA DEL PERSONAL
-TIME-KEEPER-

En este departamento las funciones las realiza el oficial de seguridad a cargo del control del tiempo, que es el lugar donde se registra la entrada y la salida de todo el personal diferente a los huéspedes del hotel.

Funciones: Registrar hora de llegada y de salida del autobús de empleados. Registrar en la tarjeta de empleados entrada y salida de los mismos al hotel y verificar que éstos no se lleven pertenencias del hotel.

DEPARTAMENTO DE VENTAS Y MERCADEO

Este departamento complementa a todos los demás, pero se dedica principalmente a las ventas y a la publicidad. Aquí es donde se contacta a los clientes y se les presenta la empresa para ofrecerles nuestros servicios. Los directores de eventos, ventas y la oficina de cuentas son las que informan a los gerentes correspondientes las decisiones de los clientes y a la vez:

> Cierran tratos con los clientes una vez que éstos queden convencidos de que desean nuestros servicios.
> Elaboran estrategias de publicidad y promoción.
> Buscan clientes potenciales.
> Informan sobre las ventas al departamento de contabilidad y finanzas.

EL DEPARTAMENTO DE RECEPCIÓN *(FRONT DESK)*

El departamento de recepción es la tarjeta de presentación del hotel. Tiene gran importancia de cara a la clientela, ya que es el primer departamento con el que el cliente tiene relación, ya sea de forma personal a su llegada, o a través de cualquier medio de comunicación, teléfono, fax, carta, etc., si hace reserva antes de su llegada. Hay que decir que la organización del departamento de recepción varía de un establecimiento a otro. No es lo mismo un hotel rural que un hotel en la costa. La organización es distinta. Hay una gran gama de factores que interfieren directamente con la recepción del hotel.

La primera y última impresión son las que mayor importancia tienen para la mayoría de los clientes. La primera, debido a que el ser humano siempre se deja impresionar fácilmente por las imágenes. Esta va a predisponer la mayoría de la clientela a favor o en contra del establecimiento, según haya sido favorable o desfavorable a cada cliente. **Para los empleados que trabajan directamente con clientes en el área de recepción:** Deben entregar una lista del servicio que brinda el hotel y horarios de éstos, políticas del hotel, métodos de pago, descuentos, promociones especiales, alojamiento de animales, etc., nombre y dirección de los bancos, agencias de viajes, restaurantes, hospitales, clínicas médicas y médicos más cercanos al hotel, mapa de la ciudad y del país, principales rutas de transporte público, guía turística y guía de teléfonos internos del hotel.

Los profesionales de este departamento deben estar uniformados y aseados para causar una buena impresión, guardar una compostura correcta que no resulte desagradable al cliente, siendo serviciales y atendiendo con rapidez y seguridad en su trabajo a cada una de las personas que se acerquen al mostrador. Este departamento cuenta con un personal capacitado que se encarga de recibir y registrar a los huéspedes que nos visitan.

De ahí se dirige a los *bell-boys* (botones), personal que transporta el equipaje de los huéspedes a la habitación que se les asigne.

Debido a que los botones trabajan permanentemente justo en frente de la entrada del hotel, para auxiliar a los huéspedes a su llegada, son personas que deben de estar impecablemente vestidas y si es posible con guantillas blancas y cachucha similar a la de un cadete militar. Al Igual que los *bell-boys,* están los *valet parking*, choferes que utiliza el hotel para estacionar los vehículos de los huéspedes. Este personal representa la imagen pura del hotel, y son quienes brindan la primera sonrisa con cortesía a nuestros huéspedes cuando llegan.

SUB-DEPARTAMENTOS TELEFONICOS

La importancia del teléfono en lo relativo a la comunicación de las personas es imprescindible. Por eso, en la hotelería este servicio es fundamental. Así pues, es esencial causar una impresión óptima al cliente, debiendo confirmar siempre la transmisión de un mensaje para evitar que se produzcan errores.

El propio hotel utiliza este servicio para intercomunicarse con los demás departamentos o con el exterior, lo cual puede realizarse directamente o por medio de una centralita. Hoy en día los establecimientos hoteleros instalan medidas individuales para cada área, de esta manera agilizando el trabajo. Aparte de ofrecer un servicio rápido, este control automático no produce aglomeraciones en las horas pico y todas las llamadas pueden ser atendidas de forma correcta. Algunos hoteles están así mismo, dotados de megafonía, la cual se conecta a las zonas más concurridas para facilitar la localización de un cliente cuando éste recibe una llamada telefónica o un mensaje urgente. Otros utilizan el "teletrancing" o buscapersonas, siendo éste el sistema más rápido para localizar el personal.

Impresos del departamento de teléfonos

Nota de cargo o vale de servicio: Una vez complementado este impreso, se envía al departamento de mano corriente para informarle de la cantidad que tiene que cargar por los servicios de teléfono prestado a un determinado cliente. En este impreso se han de registrar todas las notas de cargo o vales de servicio telefónico y fax, a fin de poder realizar el control diario. Los datos que figuran en la nota de cargo o vale de servicio telefónico son los siguientes:
*País y ciudad a donde se ha efectuado la llamada de
  teléfono o donde se ha enviado un fax.
*Número de teléfono o fax del destinatario.
*Firma del encargado del departamento de teléfonos.
*Nombre del cliente que efectúa la comunicación.
*Número de la habitación. *Número de orden
*Tiempo de duración de la llamada o envío.
*Fecha en la cual se efectúa la llamada o en el envío.
*Importancia de la llamada o envío.

RESERVACIONES

Podemos definir "Reservas" como "la acción mediante la cual una persona en su nombre, (cliente) o en nombre de otra, solicita el alquiler de una o más habitaciones de características determinadas durante una fecha concreta, contándose las mismas por módulos de 24 horas, bajo un precio determinado de antemano".

Las funciones de este departamento son:
+ La venta correcta de habitaciones
+ El control de las ventas realizadas
+ Atender la correspondencia
+ La utilización y el control de fax e E-mail
Este departamento se encarga de todo lo que tenga que ver con respecto al dinero. También controla y registra todas las operaciones financieras que ocurren dentro de la empresa. Registra todos los ingresos producidos por las operaciones del hotel y todo el dinero efectivo que pase por la tesorería o la caja. Reporta los estados financieros y gestiona las actividades de índole legal y de franquiciaría. Su comunicación con el departamento de recepción se efectúa cuando se solicitan las facturas y el dinero de caja, e informes de gastos a pagar.

Los impresos que se utilizan son:
+Las hojas de reservas: Estas suelen ser utilizadas en los grandes hoteles y cadenas hoteleras en vez del libro de reserva empleado en los pequeños hoteles. En ellas se anotan estos datos:
+ Fecha en que se hace la reserva
+ Fecha de llegada y fecha de salida
+ Cantidad y tipo de habitaciones

Servicios contratados: habitación con desayuno, media pensión, etc.
+ Nombre y datos de las personas que hacen la reserva, que se van a alojar y del empleado que toma la reserva.

AMAS DE LLAVES Y SUS OBLIGACIONES EN EL HOTEL

El área de habitaciones genera mucho más ingresos que otras secciones del hotel. Es uno de los departamentos que cuenta con el mayor número de empleados.

Organización del departamento:
Las áreas comprendidas del departamento de limpieza son: habitaciones, áreas públicas, oficinas, áreas recreacionales y baños públicos.

 La ejecutiva de ama de llave: Es la persona que se encuentra frente a la dirección del departamento de pisos. Se encarga de coordinar, asignar y supervisar los trabajos de limpieza, lavado y planchado de la ropa del hotel,
dirigir el personal, delegar autoridad, fomentar el trabajo en equipo, asegurarse que la asignación de tareas sea bien distribuida para que no se quede nada fuera del programa. Es responsable de que se utilicen las técnicas y productos adecuados para la limpieza. Vela por el mantenimiento y la mejora de la decoración del hotel. Solicita la compra de todos los productos básicos de limpieza, como suministros. Lleva control de los costos. Lleva control de los objetos perdidos y encontrados. Es la gestora de un volumen importante de materiales, por lo que aplica el proceso administrativo.
Debe poner en juego todos los recursos disponibles para lograr los objetivos del departamento.

Puntos claves al dirigir el departamento:

Ser consciente de que tiene que lograr resultados a través de sus asistentes. Establecer objetivos claros y concretos. Premiar inmediatamente las buenas acciones y sancionar las mal hechas. Establecer normas y procedimientos. Fomentar el diálogo y la iniciativa.

Funciones principales del departamento y sus asistentes:

Responsable de la limpieza de las habitaciones y de las áreas públicas, asegurando satisfacción, calidad, seguridad y comodidad a nuestros clientes. Puede estar asistida por una o más ayudantes, dependiendo de las dimensiones y categoría del hotel. Llevar control de las llaves maestras para obtener mejor acceso en momentos de emergencias. Organizar las oficinas. Montar uno o varios estantes para artículos variados, carrito para el uso diario de la limpieza, arreglo de las habitaciones y camas extras.

Limpiar la cortina de la ducha o reponerla, las paredes, las ventanas (si las hay), las lámparas, los espejos, los sanitarios (inodoros, lavamanos, bidet), la jabonera, etc.

DEPARTAMENTO DE ALIMENTOS Y BEBIDAS A y B

Como su nombre lo indica, el departamento de A y B tiene la responsabilidad de satisfacer al cliente en cuanto a alimentación se refiere. El camarero que trabaja en A y B es el que más contacto tiene con los clientes del hotel. Por esa razón, él es la imagen del hotel o restaurante.

El camarero tiene la responsabilidad de asegurar que el   huésped se sienta bienvenido y atendido como una persona especial.

Si un compañero de trabajo falla en su trato con el cliente, usted tiene la obligación de hacer todo lo posible para rectificar la situación. Recuerde que trabajando en equipo podemos brindar el mejor servicio, siendo este uno de los principales objetivos del camarero profesional. Si tiene una pregunta o duda sobre su trabajo, consulte a su superior o jefe inmediato. No tema en solicitar aclaración. Es preferible preguntar y perfeccionarse, que errar en la calidad de servicio al cliente.

A y B Y SU IMPORTANCIA DENTRO DE LA ORGANIZACION

El departamento de A y B es de singular importancia en la operación de un hotel porque es allí donde el cliente obtiene la segunda impresión del establecimiento. Allí se originan ventas y beneficios para el establecimiento.

Se puede resumir que el objetivo de un hotel es brindar una variedad de servicios de calidad al huésped para que éste tenga una estadía grata, confortable y segura. Un hotel reconocido por la calidad de sus servicios generará ingresos que repercutirán en favor de todos los que trabajan en él.

El cliente que se siente a gusto desde su llegada, está satisfecho de haber seleccionado ese restaurante u hotel. Esto hará que el huésped esté dispuesto a seguir utilizando los servicios que se brindan en el mismo y recomiende el hotel a otras personas.

A diferencia del cliente mal atendido, desde el principio tendrá la mente predispuesta a encontrar fallas en el servicio. Estará de mal humor y buscara razones para criticar los servicios del establecimiento.

El empleado debe demostrar al cliente que su patrocinio es importante para el negocio y que se hará todo lo posible para rectificar cualquier situación cometida por algún otro empleado.

Es responsabilidad de la empresa y de cada trabajador identificar las necesidades de los clientes. El entrenamiento y la experiencia son dos requisitos para su superación profesional. El entrenamiento transmite seguridad en uno mismo y le permite aspirar a mejores posiciones.

Cada persona tiene una actitud distinta al relacionarse con otros. Esto hace el trabajo del camarero más difícil y al mismo tiempo más interesante. Interesante porque tiene la oportunidad de dar seguimiento a todo servicio prestado y así asegurar la satisfacción del cliente; algo un poco difícil, porque ellos le harán responsable de todo servicio mal prestado. He aquí la importancia de demostrar en todo momento con mucha paciencia y diplomacia, que usted está haciendo todo lo posible por ayudar al cliente. Cada uno de ellos debe ser tratado de la mejor manera.

El camarero debe tener la habilidad necesaria para mantener la calma, ser atento y cortés, mientras atiende una variedad infinita de personalidades, cada una con requisitos y problemas distintos.

+ Normas de seguridad: Se requiere que un hotel o restaurante sea exigente en la selección del personal para el departamento de A y B. Este personal por ser el que más contacto tiene con los clientes, debe ser seleccionado cuidadosamente en base a criterios de personalidad, actitud y estabilidad emocional.

El hotel o restaurante más moderno y lujoso no puede satisfacer al huésped si la calidad de su personal es mediocre. Un negocio sencillo con un personal dedicado a la satisfacción del cliente tendrá gran éxito. Esto significa que la experiencia positiva de un cliente depende mucho más del trato recibido, que del buen funcionamiento y estado de la planta física del establecimiento.

INTERRELACION DE A y B CON LA GERENCIA GENERAL

La gerencia tiene la responsabilidad total del funcionamiento del hotel y de todos los departamentos que lo integran. También coordina todas las actividades de cada departamento para asegurar la buena marcha del hotel.

La gerencia planifica la operación del hotel y vela por el desarrollo y bienestar futuro de éste. La gerencia se comunica con A y B constantemente para informarse del nivel de actividad en los restaurantes y bares para resolver cualquier situación que requiera el desenvolvimiento de la administración. La gerencia dicta el procedimiento y política de trabajo que A y B debe seguir. Estas incluyen:
+ Procedimientos de emergencia en los
   restaurantes y cocina central
+ Uniformes y presentación personal
+ Horarios de trabajo
+ Sueldos y propinas indirectas
+ Prestaciones y normas de conducta

INTERRELACION DE ALIMENTO Y BEBIDA CON LA COCINA Y ALMACEN

Todos los restaurantes y bares del hotel dependen del departamento de alimentos y bebidas (A y B). El encargado principal de los restaurantes y salones de eventos cada día recibe información de las actividades que tendrán lugar en el hotel ese día. Esta información incluye el uso que se hará de las distintas reuniones y banquetes, la hora de cada actividad y los nombres de los anfitriones de cada evento. Este departamento debe informar a la cocina sobre todo evento o promoción especial en el hotel. **La cocina** y el **bar** se suplen del almacén.

INTERRELACION DE A Y B CON EL DEPARTAMENTO DE VENTAS

El departamento de ventas es responsable de vender y promocionar todos los servicios del hotel para generar ingresos. El papel del departamento de ventas es sumamente importante, considerando que los ingresos dejados de recibir un día no pueden recobrarse al día siguiente. El departamento de ventas informa a A y B de los detalles de toda actividad promocional. Por ejemplo, si se va a promocionar algo un fin de semana, A y B necesita saber:

- El precio por persona adulta
- El precio por niño que comparte la habitación con sus padres
- Comidas y servicios incluidos
  Duración de la promoción
- Tipo de habitación incluida en la promoción
- Otras variantes e instrucciones

INTERRELACION DE A Y B Y SEGURIDAD

El departamento de seguridad tiene la responsabilidad de velar por la seguridad y bienestar de los huéspedes, clientes, empleados, equipos, propiedad e instalación física del hotel. Los empleados de seguridad requieren tener mucha diplomacia en las conversaciones que tengan con un huésped y acompañantes. Igualmente con empleados o persona ajena al hotel. El departamento de A y B se comunica con seguridad al observar anomalías en el hotel para que investiguen la situación y evite daños físicos y/o pérdidas materiales.

Además A y B solicita la presencia de seguridad para investigar todo accidente o acto de agresión física dentro de los restaurantes o bares. La seguridad del hotel es responsabilidad de todos los que trabajan en él. Cada persona debe mantenerse alerta y reportar cualquier sospecha a seguridad, como medida de prevención. Durante visitas de altos funcionarios gubernamentales y del sector privado, la seguridad coordina medidas especiales con distintos cuerpos policiales del país.

INTERRELACION ENTRE A Y B Y MANTENIMIENTO E INGENIERIA

El departamento de mantenimiento e ingeniería tiene la responsabilidad de velar por el buen funcionamiento y estado de todos los equipos, muebles e instalaciones físicas del hotel. Mantenimiento: A y B se comunican para intercambiar información sobre problemas de mantenimiento identificados por empleados de A y B. Una de las prioridades de mantenimiento es reparar todo desperfecto en los restaurantes y bares para que el huésped tenga las comodidades que necesita y para que A y B pueda tener el máximo de restaurantes y bares disponibles para los huéspedes. Todos los restaurantes o bares fuera de orden por razones de mantenimiento, representan una pérdida para el hotel, ya que no pueden ser utilizados para brindar servicios a los huéspedes. Una buena comunicación entre A y B y Mantenimiento es indispensable para el éxito del hotel y la satisfacción de los huéspedes.

LA COCINA

Podemos definir la cocina y sus anexos, como el conjunto de áreas o locales necesarios para transformar los alimentos y convertirlos en platos ya elaborados. Cuando hablamos de cocina industrial no debemos pensar solo en la zona caliente donde se elaboran o cocinan los alimentos, sino en todos los locales anexos con sus equipos, independientemente de que estén unidos o separados.

Estos cuartos son: **la pastelería**, **el cuarto de verduras**, **el cuarto frío**, etc. El departamento de cocina es seguramente el más complejo por la diversidad de elaboraciones que en ella se desarrollan. Debido a que los alimentos se preparan en zonas independientes entre sí, pero en conjunto forman parte de lo que denominamos como el área de cocina.

RECOMENDACIONES

Es de suma importancia que el camarero o bartender profesional conozca los distintos servicios que el hotel o restaurante ofrece a fin de poder recomendar los servicios que el cliente pueda necesitar para una estadía agradable. Es indispensable conocer también los principales puntos de interés de la ciudad y del país. Una guía impresa con estas informaciones es de mucha utilidad, siempre y cuando esté disponible en un lugar accesible a todo el personal de Alimentos y Bebidas.

A falta de esta guía se puede emplear las páginas amarillas de las compañías de teléfonos o del internet para obtener fuentes de información. La guía B.W.T. reconoce la importante función del empleado hotelero en el desarrollo de las industria hotelera y turística del país en que vive. Le recordamos que pongan en práctica las ideas expuestas en el manual.

Demuestre al cliente su interés en servirle y su deseo de asegurarle una grata estadía. Tome la iniciativa hoy mismo y conviértase en un camarero o bartender profesional. El profesionalismo en el camarero o bartender es indispensable para el buen funcionamiento de un hotel o restaurante y la satisfacción de sus huéspedes. Los mejores camareros o bartenders son los que siempre están atentos a las necesidades de cada cliente, recomendándole siempre los servicios disponibles.

MANUAL DEL BARTENDER PROFESIONAL

Historia de los diferentes tipos de Bebidas y Cócteles

Los cócteles se han convertido en la bebida sensacional del momento. Estos invitan al bartender a combinar la diversión con la creatividad sin olvidarse de mantener el aura de glamour mediante la presentación del cóctel, que pervive desde los años veinte y treinta.

Ahora imaginemos que estamos en algún bar famoso de nuestra ciudad. Siéntese y observe al barman en acción:
sus rápidos movimientos y la habilidad con que prepara las bebidas.
La manera rápida y precisa de agitar la coctelera al hacer el coctel, tratando de conseguir el perfecto equilibrio de sabores combinados en cuestión de segundos. Los últimos toques y adornos que le llevan a pensar que acaba de inventar esta bebida especialmente para usted. Precisamente, es uno de los objetivos de este libro.

LA HISTORIA DE LOS COCTELES

El origen de la palabra "cóctel", viene del inglés cocktail. Aunque este origen es incierto, puesto que existen varias teorías al respecto. Una de ellas afirma que el nombre proviene de la expresión inglesa *cock-tail* (cola tiesa o cola de gallo), la cual se usaba como sobrenombre de un caballo de media sangre. Las colas de estos animales siempre estaban levantadas. Lo que confería una apariencia similar a la de la cola de gallo. Sea cual fuere el origen de la palabra, los combinados existen desde la antigüedad. El primer ccótel documentado data del siglo XVI, al igual que algunas de las recetas clásicas como el old fashioned, un cóctel combinado con bourbon whisky que apareció a finales del siglo XVI. Sabemos que la palabra cóctel ya se utilizaba en los Estados Unidos desde **1809** o antes.

COCTEL: (*Cola de gallo o cola tiesa*) hoy día es una combinación de bebidas con o sin alcohol y hielo.

Composición del ccótel: Base igual a destilado, modificador igual a licores y bebidas aromáticas, aditivos especiales igual a granadina, triple sec, blue curaçao y otros.

BAR: Palabra inglesa que significa "tienda donde se venden bebidas que suelen beberse en el mismo mostrador".

El BARTENDER: Es el profesional del bar. Es el jefe responsable del servicio del mostrador. Así mismo, tiene a su cargo la organización del bar.

LOS MECANISMOS PARA UN BUEN SERVICIO DEL BARTENDER SON:

Ser responsable y delicado en todo sus actos; Un ejemplo son los vasos, estos se toman por la parte inferior, si es copa por el tallo. Asi evitaremos algunas huellas de nuestras manos y algún posible contagio de un cliente que pudo estar con una enfermedad contagiosa. No debe agarrar las frutas directamente con las manos al cortarla, debe ponerse un guante, al menos en la mano izquierda.

Un bartender debe de tener amplios conocimientos prácticos y teóricos de coctelería, licores y en general de todo cuanto concierne a su labor profesional.

Limpiar las neveras y freezers, tener cuidado con algunas posible botella o copa rota dentro de la nevera, si hay algunas aunque no la haya roto usted, saquela de inmediato y evite acidente. Limpie y organice todas las botellas, particularmente las de licores, limpie el equipo y los utensilios, debe buscar hielo en el pedido del día, brillar siempre la cristalería, limpiar la barra con una toalla limpia y despué de usarla, no las deje rodando, pongala en agua con clorox.

ALGUNAS REGLAS Y NORMAS:
Puntualidad almenos 15 minutos antes del horario establecido.
No piense que está regalando tiempo extra a su jefe, el resultado del beneficio final es suyo, de esta manera pudo evitar un posible toqueo y factiga por no organizarce antes del aprieto. Es recomendable Informarse de todos los pormenores **internos y externos**:

En los Internos: Si es posible antes de entrar a su area de trabajo, pase por la cocina a informarse de lo que pueda ofrecer en la barra, tales como picaderas y especiales del día. Hable con el cocinero y pídale subgerencias, Asi cuando el cliente le solicite algo no tiene que abandonarlo para ir a preguntar.
Externos: informarce de algunas emergencias, tales como algún numero de taxi, farmacia, clinica y otros. Informarse a tiempo le ayudará a brindar un mejór servicio.

LAS FRUTAS MÁS UTILIZADAS DENTRO DEL BAR SON:

1) Naranja: Hay muchas especies de ellas las cuales no conocemos muy bien. Entre ellas están la de tipo curacao. Esta naranja es nativa y cultivada en la isla de Curazao. Es una de las más usadas en la elaboración de licores, tantos digestivos como licores simples para mezclar cocteles.

2) Limón verde o lima: Así lo denominan en los Estados Unidos, una fruta también muy utilizada en el bar. Al amarillo le llaman limón y nosotros los hispanos los conocemos como limón verde o amarillo.

3) Piña, ananá o pineapple: Esta fruta se usa mucho en todos los países tropicales para un sin número de mezclas, tales como: la famosa piña colada, jugos, cocteles, dulces y decoraciones. Su jugo es sabroso.

4) La parcha, chinola o maracuyá: (passion fruit) Es un cítrico bien ácido, pero de un sabor intenso; la cual es usada para algunos licores tales como el alizé, la passoa y el hpnotiq. También su jugo es muy sabroso.

5) La Cherry: esta fruta es como la chispa encendida de un coctel. Se usa en un 90% de los cocteles. Todos los cocteles que se preparan con jugos o frutas, se adornan con una cherry, además de la fruta principal de acuerdo con los jugos que compongan el coctel.

6) El Mango, Guineo (Banana), Fresa (Strawberry), Kiwi, Melón, Toronja (Grapefruit juice), son mayormente para jugos, batidas, margaritas, daiquiris y decoraciones.

7) Hay otras frutas que se utilizan solo para decoraciones, tales como las aceitunas, cebollita de coctel y la cáscarita de limón (lemon twist).

8) Los jugos más usados son la naranja, cranberry, piña, limón, toronja y el famoso sweet & sour (sour mix) que es una combinación de 70% de jugo de limón, 25% de azúcar y 5% jugo de otros cítricos.

Inmediatamente al llegar al bar, el bartender debe preparar su área de trabajo (*Mix-In-Place*). Organizar el bar, sacar y preparar los diferentes jugos y frutas ya antes mencionados, removedores y sorbetes, etc. Los condimentos deben siempre estar con fácil acceso.

Estos son: amargo angostura, salsa picante, canela en polvo, pimienta, sal de apio, sal refinada, café en grano, azúcar entera y líquida y crema de suspiro. Limpiar las neveras y congeladores. Ordenar las botellas, particularmente las de licores. Limpiar el equipo y los utensilios. Buscar hielo en el pedido del día. Al usar el hielo no deberá dejar nada sobre éste, incluyendo la palita de sacarlo.

ALGUNAS FORMAS EN QUE DEBE CORTAR LAS FRUTAS

Medidas, tamaño y capacidad de botellas y tragos, empezando desde 50 mililitros hasta 3.787 o 4000 que son dos galones diferentes. Un litro contiene 1000 ml= mililitros

Nombres de las botellas	Equivalencias métricas	Cantidad de onzas	Cantidad de tragos
Miniatura	50 mililitros	1.68 oz.	1 TRAGO
Miniatura doble	100 ml	3.36 oz.	2
Split	187 ml	6.31 oz.	3.3/4
Chatica	200 ml	6.76 oz.	4
10th o Cuarto	375 ml	13.00 oz.	7 ½
5th (fifth)	750 ml	26.00 oz.	15
4to. Galón	1.000 ml	33.80 oz.	20
Magnum	1.500 ml	50.70 oz.	30
½ Galón	1.750 ml	59.14 oz.	35
Jaroboam	3.000 ml	104.40 oz.	62
1 Galón mediano	3.787 ml	131.20 oz.	78
1 Galón regular	4,000 ml	137.02 oz.	81 ½

Jerez-glass Copa de Jerez o vino dulce 5 ½ a 6 onzas para servir **4** onzas
Wine glass Copa de vino tinto o blanco de 8 a 9 oz. para servir **6½** onzas

DENOMINACIÓN DE ORIGEN

Desde 1942, el calvados está protegido por una denominación de origen que incluía en un principio a sólo dos variedades locales. En 1984, recibe la Denominación de Origen Controlada que desde 1997 agrupa a tres tipos de calvados, cuyos procesos de fabricación, tipos de fruta, características gustativas y territorios de producción están definidos por el INAO, el organismo francés que reglamenta las denominaciones de origen.

74 % de la producción total de calvados proviene de la destilación de una sidra de manzana o de pera, y es elaborado con frutas de toda Normandía. Su territorio de producción es el más extendido y sus requisitos de fabricación son por lo tanto, menos restrictivos. La destilación puede ser simple o doble, según la tradición local.

Equipos y Utensilios del bar

Resorte Colador | Set de sal y Azúcar | Cucharita de bar | Pinza | Cuchillo de frutas | Descorchador de vino

Palita de hielo | Medidor de metal | Pitillo de metal | Coladores | Exprimidor de limón

Abridores de latas | Coctelera | Sacador de cherry | Champagnera | Limpiador botella | Licuadora

Plástico de jugos | Melón ball | Embudo de metal | Exprimidor | Molenillo de batir | Termómetro | Mojito stick

Martillo y picador de hielo | Trays O Bandeja de Servir | Pelador de limón | Sorbeto de tragos

Servicio para servir tragos | Set de frutas mixta | Tabla de picar | Jarra para agua y sangría | Cover de Botellas

Bar Móvil | Nevera cervecera | Maquina de fregar vasos | Maquina de hielo | Hielera

Depósito para hielo | Fregadero de 3 compartimientos | Cepillo de Lavar vasos | piña colada

CRISTALERIA

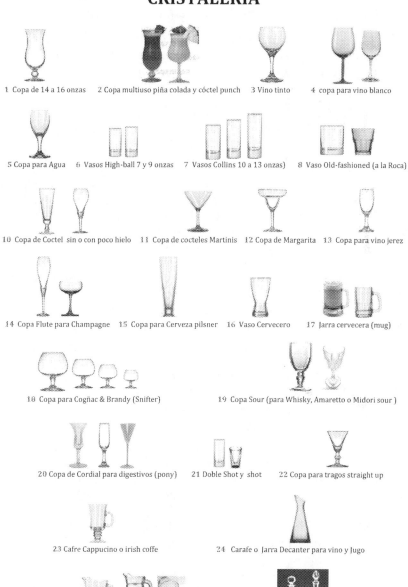

1. Copa de 14 a 16 onzas   2. Copa multiuso piña colada y cóctel punch   3. Vino tinto   4. copa para vino blanco

5. Copa para Agua   6. Vasos High-ball 7 y 9 onzas   7. Vasos Collins 10 a 13 onzas)   8. Vaso Old-fashioned (a la Roca)

10. Copa de Coctel sin o con poco hielo   11. Copa de cocteles Martinis   12. Copa de Margarita   13. Copa para vino jerez

14. Copa Flute para Champagne   15. Copa para Cerveza pilsner   16. Vaso Cervecero   17. Jarra cervecera (mug)

18. Copa para Cogñac & Brandy (Snifter)   19. Copa Sour (para Whisky, Amaretto o Midori sour)

20. Copa de Cordial para digestivos (pony)   21. Doble Shot y shot   22. Copa para tragos straight up

23. Cafre Cappucino o irish coffe   24. Carafe o Jarra Decanter para vino y Jugo

25. Jarra de cristal Especial para sangria o Agua   26. Decanter de vino

MEDIDA POR VIA DE CONTEO RAPIDO O PAUSADO
Conteo rápido con pitillo directo (straight up)

Virar la botella totalmente hacia abajo para que coja presión al salir el líquido. Cuando comience a contar, al mencionar el último número deseado, gire rápido la botella hacia arriba para detener el conteo. ¡Ojo! Esta forma de medir puede variar en el número del conteo. Ejemplo:

1 al 3 = a ¼ oz. / 1 al 6 = a ½ oz. / 1 al 9 = a 1 oz. 1 al 12 = a 1 ½ oz. 1 al 15 = a 2 oz. / 1 al 18 = a 2 ½ oz. / 1 al 21 = a 3 oz.

Conteo pausado con pitillo Directo (*straight up*)

Mantenga la botella agarrada en posición vertical con el dedo pulgar o índice sobre el orificio pequeño que tiene el pitillo antes de la boquilla de salida principal de líquido. Cuando esté listo gire la botella totalmente hacia abajo quitando el dedo del orificio por un tiempo de 1 a 2 segundos para ½ onza. y de 1 a 4 segundos para 1 onza. Utilizando los mismos pasos, coloque el dedo de nuevo para parar sin girar la botella repitiendo la misma acción hasta que complete el conteo deseado. La medida de ½ onza al utilizarla más de una vez: Ejemplo: 1er. paso ½ onza, 2do. paso 1 onza, 3er. Paso 1 ½ onza, 4to. paso 2 onzas. La medida entera de 1 onza.
Ejemplo: 1ro.paso 1 oz. 2do. paso 2oz.

ALGUNOS CONSEJOS DE UTITILIDAD DENTRO DEL BAR

A la hora de preparar un cóctel, lo esencial es que todos los ingredientes sean de primera calidad. Las bebidas y las cantidades deben ser las indicadas en la receta.

1) Si el cóctel requiere de copa fría, si no puede ponerla a enfriar en un refrigerador, llénela con hielo y agua y luego lo retira antes de servir el trago.
2) Para impregnar el borde de una copa con azúcar o sal, pase por el borde un limón o humedézcalo con el jugo de una fruta que usted vaya a usar en el cóctel. Después coloque la copa de forma invertida sobre una superficie cubierta con granos de azúcar o sal.
3) Cuando use licores de colores vivos, échelos uno a uno en el vaso o copa usando una cucharita invertida y dejando que cada líquido se deslice sobre la cuchara lentamente.
De ésta forma se combinan los sabores sin mezclarse los colores.
4) Si la receta requiere agua, use preferiblemente una que sea destilada o mineral. El agua del grifo altera el sabor del cóctel.
5) El vodka es mejor mezclarlo cuando está frio.
6) Cuando revuelva un cóctel, solo hágalo por diez segundos.

7) Los cocteles que llevan bebidas gaseosas se mezclan más rápido y no debe batirlos para que la soda no haga una explosión y se derrame el cóctel. En su mayoría no es necesario poner cherry en la decoración.

CANTIDAD DE BEBIDAS POR TRAGOS

VINOS, TRAGOS SOLOS, STRAIGHT-UP Y ROCA

AGUARDINTES: TRAGOS SOLO, EN COCTELES O A LA ROCA	TRAGOS DULCES: SE SIRVEN SOLOS, FRIO O CON HIELO	LOS DIGESTIVOS: SE SIRVEN A TEMPERATURA AMBIENTE O CON HIELO
1.68 a 2 onzas de whisky	4 oz. de Alize x color	1.68 a 2 oz. de G. Marnier 1.68 a 2 „ „ Cointreau 1.68 a 2 „ „ Galliano
1.68 a 2 „ „ Brandy	4 „ Hipnotiq	1.68 a 2 „ „ Anis o Anisette 1.68 a 2 „ „ Sambuca
1.68 a 2 „ „ Cognac	4 „ Harvey's Bristol	1.68 a 2 „ „ Drambuie 1.68 a 2 „ „ Beneditini o B y B 1.68 a 2 „ „ Amaretto
1.68 a 2 „ „ Vodka	4 „ Nuvo sparkling	1.68 a 2 „ „ Kahlua 1.68 a 2 „ „ Tia Maria 1.68 a 2 „ „ Illyquore Café 1.68 a 2 „ „ Patrón Tequila
1.68 a 2 „ „ Ginebra	4 „ Tyku liqueur	1.68 a 2 „ „ Grapas 1.68 a 2 „ „ Cynar 1.68 a 2 „ „ Fernet
1.68 a 2 „ „ Ron	4 „ Porto, Sherry	1.68 a 2 „ „ Metaxa
1.68 a 2 „ „ Tequila	4 „ Jerez oloroso	1.68 a 2 „ „ Licor 43
1.68 a 2 „ „ Pisco	4 „ Irish cream	1.68 a 2 Royal Chamboard
1.68 a 2 „ „ Grapas	4 „ Vermouth	1.68 a 2 Licor de Canela Oro

LOS COMPONENTES DEL ALCOHOL

El alcohol puede ser extraído de cualquier materia orgánica por medio de una transformación en la cual el penúltimo estado es **almidón y azúcar**. Según la definición química, alcohol es aquel compuesto orgánico que contiene el grupo **hidroxilo** unido a un radical **alifático** o a algunos de sus derivados. En nuestro lenguaje cotidiano se conoce como alcohol al compuesto químico **etanol**, también nombrado como alcohol **etílico**. Este se trata de un líquido incoloro e inflamable, cuyo punto de ebullición es de **78c**, La fórmula química del alcohol etílico es **CH2-OH**, ésta se utiliza para preparar bebidas las cuales en muchas ocasiones son conocidas como alcohólicas. Las clases de alcoholes son: **Metílico y Etílico**. El alcohol absoluto tiene de 99 a 99.5% grados de alcohol.

EL AZÚCAR es un disacárido formado por una molécula de glucosa y una de fructosa, que se obtiene principalmente de la caña de azúcar, remolacha, zanahoria y otros. El azúcar se encuentra en las frutas que tienen semillas, bayas y raíces.

El almidón es un polisacárido de reserva alimenticia predominante en las plantas. Proporciona el 75% de las calorías consumidas por los humanos. Los almidones se obtienen de tubérculos y varias semillas.

CLASIFICACIÓN DE LAS BEBIDAS

Las Bebidas se Clasifican en seis Categorías
1. Los aperitivos: vinos tintos, blancos secos, semisecos, dulces, jerez, olorosos, espumosos y otros.
2. Los aguardientes = espíritus: bebidas seca o neutras de alta graduación alcohólica con 40 o más grados.
3. Los licores digestivos: todos aquellos líquidos espesos, dulces, amargos o secos con aroma, color y sabor. Hechos a base de agua, azúcar, especias y hierbas aromáticas
4. Las mezclas de cócteles y ponches
5. Cervezas y Maltas, Robias, Negra y blancas (light).
6. Las bebidas sin alcohol tales como jugos, leche, sodas y agua.

LOS ESPIRITUS O AGUARDIENTES

(Bebidas que arden en la garganta al beberlas solas)
Entre ellos existen los cristalinos con etiquetas blancas o *silver* y algunos de color oscuro donde predomina el color ámbar (dorado), son envejecidos en barricas de madera curada, principalmente las de robles. Son los tipos destilados que más se usan en las mezclas de cócteles. Es aquí un ejemplo de cada uno:

Aguardiente: bebida alcohólica obtenida mediante la destilación de la fermentación de materias vegetales azucaradas o amiláceas, mostos, cereales y tubérculos algunos con aroma color y sabor. Estas son las bebidas alcohólicas de alta graduación, secas o aromáticas. Los fermentados también pueden ser de granos, caña, papa, frutas, etc. La palabra aguardiente se deriva del término latín "agua ardens", con lo que se designaba al alcohol obtenido a través de la destilación.

Origen de los Aguardientes

Algunos libros indican que se difundió por Sicilia, Persia, Egipto, Siria y durante el mandato del Rey de Macedonia, Alejandro Magno, durante la conquista y organización del Imperio Persa, en el año 327. La expansión de sus dominios abrió canales comerciales que abrieron puertas a la transmisión y la influencia de artículos, especies y costumbres entre Asia meridional, sur y sudeste de Europa y norte de África. El origen del aguardiente tuvo lugar en el largo período en el que los acontecimientos del Nuevo Mundo esbozaban la cultura y las raíces de Brasil como nación, donde resurge en su propia historia como una bebida eminentemente brasileña.

Actualmente el aguardiente de caña es conocido por las más variadas expresiones y nombres, tales como agua bendita, branquenha, cachaça, caninha, purinha, zuninga, entre otros. Resulta imposible hacer distinciones históricas sobre el aguardiente destilado o el derivado de la borra, porque están incorporadas al comportamiento del pueblo brasileño, donde forma parte de su historia y de su tradición. De alguna manera cada cual independiente de su origen o de gusto, reconocerá a esa bebida y la tratará por el nombre que más le guste, casi como una identidad personal.

Actualmente en España el aguardiente es conocido como orujo. El orujo es un aguardiente obtenido de la destilación de las cáscaras de uvas fermentadas. Es decir, las partes sólidas de vendimias que no tienen aprovechamiento en la previa elaboración del vino, perteneciendo al mismo tipo de bebida que el marc francés, la grappa italiana, la bagaçeira portuguesa y el tsiroupos griego.

Elaboración del aguardiente de orujo

Con la destilación de orujos no se pretende una simple extracción de alcohol, sino más bien una extracción fina y selectiva de los componentes aromáticos contenidos en ellos, mediante la concentración del alcohol casi 20 veces, y con el adecuado manejo de cabezas y colas, para obtener una bebida respetuosa y placentera a los sentidos; con una tradición y una cultura, que defina en sus características organolépticas la personalidad diferenciada de la materia prima de la que procede.

La técnica y el arte de la destilación consisten en regular el aporte externo de energía (calor), para conseguir un ritmo de destilación lento y constante, que permita la aparición de los componentes aromáticos deseados en los momentos adecuados. El proceso de destilación se desarrolla en dos fases. La primera es la vaporización de los elementos volátiles de los orujos y la segunda es la condensación de los vapores producidos.

CLASIFICACION
Jóvenes: Aquellos que han sido puestos en recipientes que no aportan enriquecimiento alguno después de la destilación, es el caso de envasarlo en botella. Tienen un color blanco cristalino.

Añejados: Aquellos que han sido puestos en toneles de roble o de otra madera, donde adquieren características distintas a la del momento de la destilación. Tienen un color blanco amarillento.
Aromáticos: Cuando por sí mismos adquieren un aroma derivado de las variedades de uva, como moscatel, malvasía, etc.

Aromatizados: Cuando interviene la maceración de hierbas medicinales. En este caso el orujo adquiere el color de los pigmentos contenidos en ellas. Por ejemplo, un orujo aromatizado con arbusto tiene un color rojo violáceo.

EL WHISKY

El whisky en Escocia se escribe tal cual como suena, mientras que en Estados Unidos e Irlanda se le añade una "e", que lo convierte en *whiskey*. Canadá, un país donde las reglas no se ajustan a las marcadas por la Comunidad para la producción y venta de licores, lo escribe igual que los escoceses, sin la "e".

No hay registro exacto de cuando se destiló whisky por primera vez en Escocia e Irlanda. La leyenda escrita más antigua en que se han encontrado algunos datos, dice que existió antes de los años 1500. La leyenda afirma que el Señor John Cor produjo "agua de vida", *aquavitae* o whisky.

Sin embargo, se cree que debió haber algún conocimiento previo de la producción de bebida, ya que un laboratorita árabe llamado *Albukassen* relató el proceso de destilación en sus escrituras del siglo X. El término utilizado para describir la destilación fue el latín que decía *aquavitae*, en inglés *water of life*. Los escoceses y los irlandeses tradujeron literalmente el término al vocabulario celta como uisge beatha, que significa en español "agua de vida", el cual fue abreviado con el nombre de 'whisky'.

En los inicios, unos provincianos producían su propia destilación, teniendo como resultado whiskies rústicos y muy fuertes, que solamente algunos colonos sabían apreciar.

Cada país productor de whisky tiene su propio estilo y normas que marcan las pautas a seguir para la elaboración y comercialización del producto. Por ejemplo el whisky elaborado en Escocia, conocido como Scotch Whisky, es inimitable debido a que solamente Escocia dispone de aguas disueltas del hielo que proviene de montañas rocosas, donde abunda un especie de granito colorado. Por esta razón, la mayoría de las destilerías se encuentran en lugares instalados cerca de montañas rocosas. A veces se mezclan productos de diferentes destilerías para obtener la calidad deseada. El gusto propio del whisky y su color proviene de su larga conservación en toneles de roble. Se necesitan alrededor de 5 años para que el whisky alcance su madurez. Los principales países productores de *whisky* son Escocia, Irlanda, Estados Unidos y Canadá. Pero los escoceses son los mejores en hacer mezcla.

EL WHISKY ESCOCES

Al principio le llamaban agüita. Está hecho de diversos cereales fermentados, tales como cebada, centeno, maíz y otros granos. Por lo tanto es denominado como *"Blended whisky"*. La mayoría de estos whiskies son envejecidos en barricas de roble blanco americano. Estos *whiskies* mezclados con otros tipos de *whiskies* diferentes, se identifican por ser suaves y sedosos.

En la propia Escocia, los *Scotchs* son mezclados (*blended*) regularmente con destilados que se han elaborado en un gran número de destilerías de diferentes compañías. Por eso algunas marcas tienen distintos sabores según las partidas de los lotes.

En la práctica muchos *scotchs* están mezclados por destilados de diferentes procedencias, sin la garantía de que siempre sean de la misma calidad. No obstante, las marcas más caras muchas veces solo tienen una gran publicidad.

El secreto de un buen aguardiente es su destilación.
La técnica empleada por los destiladores escoceses es la misma que desde hace siglos ya empleaban los chinos y árabes. Tan pronto como los irlandeses conocieron el proceso de la destilación, los escoceses la convirtieron en materia indispensable y propia de ellos. Escocia es un país pequeño, pobre y poco poblado, premiado por la naturaleza con un agua y un clima inigualables. Mediante la doble destilación obtuvieron el mejor complemento de recursos que resultó oportuno para poder salir de una gran miseria.
El whisky scotch, tiene al menos un 60% de la mezcla que se compone de whisky de cereal, lo que lo hace más suave y más barato. El 40% es una variedad de maltas procedentes de distintas zonas del país, permitiendo establecer un perfecto equilibrio entre suavidad, dulzura y sequedad.

EL WHISKY DE MALTA

Existe una gran confusión sobre este tipo de whisky. Se tiende a confundir "el malta" por una especie de whisky, al igual que existe en el "bourbon", el "whiskey" o el "whisky canadiense". El whisky de malta, que se presenta con una etiqueta en la que reza la leyenda *"single malt"*, es un whisky que procede esencialmente de los *Highlands* (tierras altas) escocesas, donde se desarrolla la mayor parte de las destilerías dedicadas a su fabricación, y es elaborado en alambique de pot, exclusivamente a base de cebada malteada.
Por lo que su composición es de "solo malta" o al menos 51% de un solo tipo de granos y tienen una denominación como *"single malt"* o malta única. Estos whiskys son de sabor intenso y de carácter fuerte, ambos contienen *80 proofs,* que es igual a 40 grados de alcohol.

El auténtico whisky de malta tiene poca salida en comparación con el "scotch blended". Pues su gusto es algo más fuerte y centrado. No es de tanto agrado para el consumidor habitual. No obstante, el buen bebedor de whisky prefiere el *"single malt"* en vez del *"blended"*.

Los *whiskies* se dividen en premium y estándar. Los *Premium* son aquellos whiskies que tienen 12 o más años de envejecimiento. Los estándares son aquellos whiskies que no llegan a 12 años de maduración. El whisky tiene de 84 a 86 calorías por onza.

Los whiskies de la casa se dividen de acuerdo a su procedencia, edad y material principal. Las marcas que suelen venderse en licorerías a precio de oferta, suelen tener un alto porcentaje de cereales y muchas veces un bajo contenido de destilación alcohólica.

EL BOURBON WHISKY

Bourbon Whiskey Americano: Procede de Estados Unidos, principalmente del estado de Kentucky. Su componente principal es la fécula del maíz, centeno y cebada. Se añejan en barricas de roble blanco americano en algunos casos quemadas con jerez. Hay dos versiones diferentes sobre su nacimiento. Ambas se originan en la provincia de Bourbon, la cual para ese entonces aun no era estado federal de Kentucky.

Una lo sitúa en 1777, en el Fuerte Linn, al este de Bardstown, asegurando que fue una operación casi de alquimista, llevada a cabo por el destilador John Ritchie. La otra historia aunque más bien dudosa. Atribuye su paternidad a un predicador baptista de Georgetown, el Reverendo Elijah Craigh, de quien dicen, lo destiló por primera vez en 1789.

Hasta ese momento, en el Nuevo Mundo se bebía whisky escocés importado de Europa o se fabricaba de cebada en tierras americanas, según la fórmula tradicional, por irlandeses y escoceses afincados en la costa oriental. Cuando los nuevos colonos fueron estableciéndose en otros territorios, especialmente en la zona de Bourbon, fueron dedicándose al el cultivo de otros cereales. Primero fue el centeno y luego el maíz. El Bourbon se destilaba en aquellos tiempos en las pequeñas empresas familiares.

El Bourbon puro tiene un envejecimiento mínimo de dos años, aunque la mayoría lo sobrepasa. Si en el proceso se le mezcla alcohol neutro, ya no puede llamarse bourbon, sino que pasa a denominarse *"blended whiskey"*. Si en la etiqueta reza la frase *"bottled in bond"*, significa que se trata de un producto muy especial, con al menos cuatro años de envejecimiento y con un sabor evidentemente más completo. Es aceptado que el Bourbon, tanto el elaborado de maíz como el de centeno o cebada, no llega a la sofisticación de los whiskies irlandeses, ni del whisky escocés. Pero no es menos cierto que el bourbon tampoco trata de imitar a ninguno de ellos. El bourbon en sus diferentes tipos tiene un peculiar dulzor casi afrutado. Es bastante aromático, debido a la destilación con bajo contenido de alcohol y a su envejecimiento en barricas de roble quemado. Dicen por ahí, que los buenos bebedores de bourbon lo toman puro y sin enfriar, con el fin de disfrutar mejor de su diversidad de aromas.

WHISKEY DE TENNESSEE

Este proceso específico de elaboración de whisky fue reconocido por las autoridades norteamericanas que crearon en 1941 "Tennessee Whiskey", exclusivamente para el whiskey elaborado de esta manera. Prácticamente solo la *Jack Daniel's Destillery* utiliza este método. El whiskey de Tennessee no es un bourbon, aunque muchas de sus características son iguales a las del bourbon. Sin embargo, es un producto específico de USA y más concretamente de las colinas de Tennessee.

Su elaboración requiere de una cuidadosa selección de maíz, centeno y cebada, que se mezclan con agua del poblado de Lynchburg, Tennessee; destacada por la particularidad de correr entre piedras calizas que están libre de hierro y de otras impurezas. El agua brota a una temperatura constante de 13.3 grados centígrados.

La mezcla del agua con los granos produce una pasta que fermenta. Una porción de la misma se guarda diariamente para comenzar la elaboración de la masa del siguiente día. Prácticamente el *Tennessee Whiskey* se limita a la fabricación de Jack Daniel's Whiskey, ya que fue su fundador, quien se estableció en la población de Lynchburg, en 1866, cuando encontró la gruta del manantial con el agua que hemos descrito.

EL RYE WHISKEY

Es un whiskey elaborado con más del 51% de granos de centeno. También se le conoce como whiskey de centeno. Fue la primera bebida alcohólica o whiskey de los primeros colonizadores de las zonas de Pennsylvania y Maryland. Todavía hoy el Rye se asocia con esos estados de USA. Sin embargo, el Rye tiene que contar con el hecho incuestionable de que siendo el primer whiskey que hubo en los EE.UU., se haya visto totalmente superado por el bourbon.

EL WHISKY IRLANDES

La materia prima puede ser la cebada no malteada, la malta, el centeno y hasta la avena. Los irlandeses en su deseo de ganarle a los escoceses, intentan obtener la perfección utilizando el destilado triple. Lo que obtienen utilizando los toneles *pot still* y los continuos de *patent still*. A veces se efectúa una cuarta destilación. Pero a partir de aquí es de inutilidad encontrar la fórmula que posean los irlandeses para elaborar la mezcla y embotellado de sus whiskies. Esto es algo muy bien guardado.

WHISKY JAPONES

Nadie tiene duda de que Japón es un país muy diferente a los países occidentales por su lengua, abecedario, religión y cultura en general. Basados en su paciencia han tenido el avance que los coloca en el comercio oriental de más alta tecnología en cuanto a producción y comercialización. Ellos fueron a Escocia para aprender de quienes sabían mucho sobre la elaboración del whisky.

Hoy día es razonable reconocer que los japoneses tienen estilo propio en la producción del whisky, que a pesar de ser muy parecido al escocés, se distingue por una calidad con clase y gusto refinado. Aunque no poseen un agua igual a la de los Highlands, tienen a Yamazaki, una zona montañosa, sitio donde en 1923 se estableció la primera destilería japonesa, promocionada por el señor Suntory. Estas son fuentes de enormes y ricas aguas de gran pureza. No obstante, tienen que importar cebada y la turba desde Escocia hasta Japón. Actualmente el whisky es una bebida de solemnidad en Japón.

EL WHISKY DE CANADA

El whisky canadiense empieza a ser reconocido por su calidad. Por lo general es más suave y ligero que el escocés o el irlandés. Aunque no tanto como el bourbon estadounidense. El secreto está en el uso de centeno malteado que le da más sabor y menos aspereza. Además, y como en el bourbon, se suele usar maíz, si bien como una parte de la mezcla de maltas y no como el ingrediente principal. Por lo que el whisky no llega a ser dulce.

Se dice que el primer sitio donde se empezó a maltear cebada para producir whisky en Canadá fue Montreal,
que sería la cuna del *Canadian whisky*. Rápidamente los procesos de elaboración se adaptaron a las materias primas más comunes. Así que se empezó a cambiar la
malta de *trigo*, *cebada* o *centeno* por el maíz, aunque
sólo en parte. En la zona inglesa se adoptó el estilo de Estados Unidos, resultando un whisky muy suave y con notas dulces, como los de la Columbia Británica, mientras que en la zona de Québec se siguió un estilo diferente, pero mucho más potente.

El secreto del barril

Algunos de los factores que influyen en el futuro sabor del whisky radican en los distintos tipos de madera o de tamaño de los barriles. ¿Qué es, cómo influye el carbonizado y qué es lo que pasa con el whisky cuando madura dentro del barril?

El carbonizado

El carbonizado es una técnica que consiste en quemar el interior del barril. Esto se consigue incendiando por un corto periodo de tiempo el interior del barril para crear una capa superficial de carbón. Con el carbonizado se consiguen un par de cosas. Por un lado, el whisky se impregna con mayor facilidad de los sabores deseables de la madera y por el otro, el carbonizado permite expulsar más rápidamente del licor los sabores indeseables, a través de la evaporación.
Actualmente existen métodos informatizados de carbonizado, que procuran al cliente un tipo de barril que dará los sabores deseados por el productor, de manera muy exacta.

EL VODKA

A excepción de cantidades insignificantes de condimentos, el vodka consta únicamente de agua y etanol. Se produce generalmente a través de la fermentación de granos y otras plantas ricas en almidón como el centeno, trigo, entre otros. Normalmente el contenido de alcohol del vodka se encuentra entre 30% y 86% del volumen. El vodka lituano, ruso y el polaco clásico, contienen 40 grados de alcohol, Hasta hace poco el Diccionario de la Real Academia Española otorgaba a la palabra "vodca" género femenino: "la vodca". Actualmente la considera de género ambiguo, como sucede con el mar. Puede decirse el mar y la mar. También acoge dos grafías: vodca y vodka. Lo define como: *Especie de aguardiente que se consume mucho en Rusia*".

Como en muchos otros países, en Rusia a esos destilados alcohólicos que nacieron en la civilización occidental en la Edad Media, se les llamó "agua de vida" en lengua vernácula, que en el caso del ruso dio "zhiznennia voda".
Posteriormente se impuso abreviar la expresión y utilizarla en diminutivo, quedando en "vodca", que significa literalmente "agüita". La palabra vodca comienza a emplearse sólo a partir del siglo XVII. En Rusia se llama vodka no solamente al compuesto de etanol y agua, sino también a muchos licores de frutas y destilados con sabor a cereal, a los que no se atreven a llamar "whisky". Vodka, en contexto ruso, es palabra muy genérica, como la inglesa "spirit", que sirve para designar cualquier destilado.

Nunca los rusos consiguieron un aguardiente que resultase atractivo en razón de sus sustancias de origen, como hicieron los escoceses con la cebada —dando lugar al whisky— y los franceses con los aguardientes de vino en Charente y de Armañac, los mexicanos con el Tequila, etc. Pero consiguieron algo no menos interesante: un destilado insípido compuesto sólo de alcohol y agua.

Se discute si fueron los rusos o los polacos quienes primero lo produjeron. La intención, al parecer, era conseguir una concentración de alcohol tan elevada que el producto no pudiese congelarse fácilmente. En razón de que el alcohol se congela a temperaturas más bajas que el agua. En sí éste es un aguardiente insípido e incoloro muy usado hoy día.

EL GIN (GINEBRA)

Es el producto de la destilación del maíz, avena malteada y otros cereales. También se le agregan bayas de enebro, Cardamomo, almendras amargas, anís, ralladura de limón, pepino, lirio, cilantro y otros. Independientemente de estos componentes que forman parte de fórmulas secretas celosamente guardadas por cada fabricante, todas las ginebras deben su sabor a las fresas juníperos comunis y al ingrediente básico alcohol. La Ginebra no mejora con el envejecimiento o sea que no se añeja. Esta puede salir al comercio inmediatamente después de elaborada.

.

Historia de la ginebra

La Ginebra fue inventada por el médico Holandés *Francisus De La Boe* hace unos 350 años. En su principio ésta era un compuesto medicinal para combatir los virus de bubónica y malaria. *De La Boe* obtuvo la formula mezclando alcohol con fresas juniperus comunis diuréticas.

A finales del siglo XVII los soldados ingleses descubrieron la Genever en Holanda, después de presenciar su efecto en los aliados. La llevaron con ellos de vuelta a Inglaterra.

En 1689 Guillermo de Orange prohibió todas las importaciones de licores de Francia, lo que tuvo como resultado la supresión de la Destilerías Charter y, en consecuencia los ciudadanos británicos obtuvieron el derecho de elaborar su propia ginebra, lo que aumentó la popularidad del aguardiente.

Al llegar el siglo XVIII la ginebra se convirtió en la bebida nacional de Inglaterra. Entre 1600 y 1730, la producción nacional de ginebra aumentó de 500.000 a cinco millones de galones. Luego una comisión oficial registró en 1750 que en una de cada cinco casas de Londres se vendía ginebra. En aquel momento, los impuestos eran tan bajos que una pinta de ginebra era más barata que una jarra de cerveza. Inglaterra producía 20 millones de galones de ginebra al año.

Como resultado del exceso de consumo y de la mala calidad, la ginebra se encareció. Su calidad aumentó a raíz de los impuesto que le impusieron. Automáticamente empezó un firme ascenso hacia las clases altas. De las condiciones más adversas de suciedad, desesperación y degeneración surgió la ginebra London Dry o ginebra seca, uno de los mejores aguardientes del mundo europeo. El Gin-Tonic, la clásica combinación de gin, agua de quinina y limón, fue creado en el siglo XIX por funcionarios británicos de clase media que fueron enviados a servir al imperio a exóticos lugares plagados de mosquitos. La quinina que había en la tónica ayudó a contener la malaria y la ginebra ayudaba a beber más agua tónica.

DESTILACIÓN DE LA GINEBRA

La ginebra Holandesa conocida también como Geneva o Hollands, se produce a partir de malta aplastada, fermentada y alcoholes de baja graduación que son destilados para obtener el producto final.
La destilación resultante es mezclada con aromatizantes que destilada nuevamente resulta en un producto final de 43º a 45º. De esta manera la ginebra Holandesa cuenta con cierto aroma a malta y tiene un fuerte cuerpo que la diferencia de la ginebra Inglesa. La ginebra Inglesa por su parte, es producida rectificando mezcla de alta graduación alcohólica de malta o mezclas alcohólicas, de forma tal que pierdan aroma y sabor. Estos son luego reducidos con agua y puestos en recipientes con los agentes saborizantes. Luego, esa mezcla es de nuevo destilada.

A la ginebra resultante se llega reduciendo hasta contar con una graduación alcohólica que vaya entre los 40º y los 47º dependiendo del mercado para el cual es producido. La ginebra actual es un aguardiente obtenido por la destilación de cereales como la cebada malteada, el maíz y el centeno debidamente rectificados y aromatizados con bayas de enebro. Tanto el sabor como el aroma se consiguen por destilación, filtración, adicción y maceración del enebro con varias plantas más.

EL TEQUILA

 Es un aguardiente producido exclusivamente en México. Se obtiene de la fermentación de la raíz del maguey (savia del agave azul tequiliana) y una variedad de plantas cactáceas que crecen en los alrededores de Jalisco, estado de Gadalajara.

El mezcal es una bebida auténtica mexicana, pero reconocida en todo el mundo. Aunque no muchos la han probado, todos saben que se habla de un gusano que se introduce en la botella en el proceso de elaboración. El **mezcal** es un destilado elaborado de la fermentación de una planta mexicana llamada agave. Esta planta posee las propiedades que se le conocen como mezcalina, la cual tiene fama de bebida alucinógena, capaz de llevar a la locura si no se la bebe con prudencia. Esta bebida azteca es la que mejor representa el aguardiente de la región. No obstante, el tequila -también elaborado del agave-, es el que tiene mejor propaganda. Tanto en películas como en la literatura de México resalta por encima de las otras bebidas.

La graduación alcohólica de esta bebida alcanza los 40 grados y a veces más. Si ha sido añejado en toneles de madera durante aproximadamente 2 años o más, su sabor es semejante en el paladar al olor de algo ahumado. Mas en la garganta puede llegar a ser muy fuerte.

El gusano que posee dentro de la botella parece estar vinculado con una función específica de calidad. Ya que se supone que si se mantiene entero y en buena condiciones es porque la calidad y el grado de alcohol son suficientes y la hace auténtica. Por lo que indica que no está alterada con agua o ninguna otra sustancia.

Según relato de los antiguos pobladores, el tequila fue descubierto cuando encima de un agave cayó con gran fuerza un rayo. El golpe abrió el corazón de la planta y el calor del rayo hizo que se quemara durante unos segundos. Los indígenas asombrados se percataron de que del interior brotaba un aromático líquido. Lo probaron con temor y cuidado. Muchos de ellos lo vieron como un milagro de sus dioses. En realidad el tequila tal como lo conocemos hoy, se debe al proceso de destilación que introdujeron los españoles. Pero es una bebida netamente mexicana.

LA CAÑA DE AZUCAR

Su Origen

La caña de azúcar fue traída por los árabes a Europa a través de España. Fue cultivada principalmente en la costa sur para la obtención de azúcar.

De hecho, se conserva en la provincia de Granada el más antiguo trapiche del mundo. Cuando los Españoles conquistan el reino moro de Granada, se les ocurre hacer un licor con el dulce jugo de la caña. De modo que el ron más antiguo procede de Granada.

Los españoles llevaron la caña a Cuba, donde el clima es mucho más apropiado, por ende, la producción de azúcar y ron, pasó a hacerse en América.

Cuando ingleses y franceses, más aficionados a los licores de alta graduación alcohólica que los españoles, se instalan en las Antillas, inician el cultivo de la caña para tener azúcar en sus metrópolis. A la misma vez,comenzaron a destilar el ron.

Algunos dicen que el ron proviene de la Martinica, isla del cálido Caribe conocido también como el "Archipiélago del Ron". Otros, sin embargo, aseguran que la caña fue sembrada en Grecia muchos años antes del encuentro de los dos mundos y que los primeros colonizadores la llevaron a las exóticas islas del Caribe.

La aversión no importa. Lo cierto es que desde entonces el ron tiene carta de ciudadanía caribeña y pasaporte universal. Y se debe la versatilidad para lograr una feliz unión con otras bebidas, jugos y licores.

EL RON

Este aguardiente es producto de la destilación del jugo de la caña, como de la melaza o residuos de la caña de azúcar. Alcanza 80º proofs de contenido alcohólico, pero se rebaja añadiendo agua destilada.

Al igual que el whisky, el ron generalmente se añeja en barricas de roble por períodos de tiempo diverso. El tiempo mínimo que debe estar en envejecimiento es de 1 año y puede llegar hasta 6 años. El ron puede ser blanco o dorado. Para obtener un ron más fuerte suele agregársele el *dunder,* que es el residuo de una destilación de ron. En cambio, para producir un ron más suave y más fino se usa tan solo el jugo de la caña de azúcar.

El color dorado del ron proviene de la madera de los toneles, pero suele colorearse con caramelos en muchos casos. El tipo de destilación y la crianza define la diferencia entre los tipos de rones. Cada país productor marca una diferencia en las cualidades de su producto.

Elaboración: Para obtener el ron se siguen cuatro fases

Fermentación: Proceso natural en el cual el azúcar se convierte en alcohol y se obtiene de la melaza, a la cual se le agrega agua y levadura.

Destilación: Consiste en refinar y purificar el fermentado eliminando las impurezas. Generalmente se usa una columna rectificadora que realiza la destilación varias veces consecutivas, hasta conseguir un alcohol transparente y brillante.

Añejamiento: Varía según el productor. En algunos países está reglamentado, pero se considera importante guardarlo en barricas para dar nobleza al producto. La clasificación es la siguiente:

*De 18 a 36 meses: ron blanco (*light*), etiqueta plateada (*silver label*).
*De 5 años: ron rubio, dorado, etiqueta de oro (*gold label*
*De 7 años: ron añejo.
*De 10 o más años: ron extra añejo o extra viejo.

Mezcla: Es el proceso final donde se combinan distintos rones de variado añejamiento para obtener un producto característico que identifica a los principales países productores.

Países productores

Los países de habla hispana producen rones muy secos y de cuerpo ligero, algo parecidos al brandy, según su añejamiento. Hay otros de mayor cuerpo y picantes que tienen su origen en países de habla inglesa y francesa.

Cuba: Produce rones sobrios y equilibrados, con cuerpo y añejamiento en roble.

Jamaica: Se caracteriza por tener un ron muy aromático que se diferencia de otros con facilidad. También produce ron negro.

República Dominicana: Sus rones son elegantes con aromas y cuerpos definidos. Principales rones: Brugal, Bermúdez, Barceló, Macorix, entre otros.

Puerto Rico: Sus rones tienen estilo cubano, pero personalidad propia. Son un poco más ligeros de cuerpo que los producidos en la isla vecina de Republica Dominicana. Principal ron: Bacardi.

Martinica: Tiene rones fuertes en sabor y aroma. Suelen agregarles caramelo líquido lo que les da un toque singular.

Guyana: Estos rones se reconocen por la caña de azúcar de Demerara, que les permite producir bebidas de calidad, sobre todo cuando tienen buen tiempo de añejamiento.

España: En España hay dos zonas productoras de ron: en Motril, Andalucía, se elabora un ron típico de la costa tropical granadina. En las Islas Canarias, principalmente en Gran Canaria, se elabora tanto el famoso ron Arehucas como el "ron Miel". Canarias fue el punto de origen de la caña de azúcar que los españoles llevaron a América.

Otros países productores son: Trinidad y Tobago, Venezuela, Colombia, Nicaragua, El Salvador, Perú, Guatamala, etc.

El ron blanco y sus características: Es el que ni ha sido envejecido en toneles de madera ni se le ha agregado caramelo.

El ron dorado y sus características: Es el que se le ha añadido caramelo para darle color, no tiene más de 3 años de envejecimiento.

El ron añejo y sus características: Cuando envejece supera los 3 años en barrica de roble y puede llegar hasta los 6 años.

El ron blanco añejo y sus características: Es el ron que ha sido añejado en toneles de cristal que no le transfiere el color de la barrica de roble

RON CACHACA Y OTROS

Aguardiente o ron destilado de caña de azúcar predilecto en Brasil
1 - Leblon, Brasil, 2 - Agua Luca, Brasil.
3 - Beleza Pura, Brasil, 4 - Fazenda Mae de Ouro, Brasil.

Ron oscuro o negro

Por lo general de color marrón oscuro o rojizo. Estos rones de rico sabor, son con frecuencia envejecidos en barricas de robles. Pueden contener saborisantes oscuros añadidos. Igualmente tienen el popular Carpirinha-, de historia diversa. Es el trago (còctel) brasilero por excelencia. Si bien nació en Brasil, hoy se lo encuentra en cualquier bar, club o restaurante a través del mundo.

Los ingredientes que lleva son: limón machacado, ron cachaça (se pronuncia cashasa), azúcar parda o refinada y hielo picado. El Cachaça también es un "*aguardente*" destilado de caña de azúcar fermentada, con un contenido alcohólico variable entre 38% y 54%.

EL PISCO DEL PERU: Barrica de barro donde se envejece el pisco

se produce desde fines del siglo XVI. El coctel llamado **pisco sour** se originó inicialmente en 1910 en la Casa de Gerencia que era atendida por chefs y bartenders franceses.

Los ingenieros que trabajaban la minería en Ticapampa (Ancash) tenían acuerdo con la compañía minera *Huaron Mines* en los cerros de Pasco. Allí se entrenaron varios bartenders Peruanos. Es característica típica que las compañías mineras unan servicios y costumbres prevalecientes. Posteriormente en Lima, en el siglo XX en el Jirón de la Unión del centro de la ciudad, nació la novedad de ofrecer el pisco sour preparado por los bartenders peruanos Alfonso Bregoye, Graciano Cabrera y Alberto Mezarina. Por otro lado, José Antonio Schiaffino, asegurn que la fórmula fue del californiano Víctor V. Morris, propietario del Bar Morris,

El BRANDY

El brandy es una apelación de origen de cognac que se fabrica fuera de esa región en Francia. Pues que no se puede llamar cognac al que se fabrica en ningún otro sitio. El brandy se fabrica en muchos países con características muy variadas. Tiene más de 40 grados de alcohol. El de mayor fama posiblemente es el brandy de Jerez. Destilado a partir de las uvas primarias y envejecido por el sistema holandés. Es considerado el más viejo de los aguardientes destilados de mostos de uva parecido al cognac.

Con esta denominación se conocen los licores que tienen un añejamiento de vino mínimo de un año. Los vinos que se van a destilar se seleccionan con mucho cuidado. La fracción alcohólica del vino se somete también a sucesivas destilaciones. El nombre brandy se aplica a todos los destilados de la uva producidos fuera del departamento de Charente de la región de coñac de Francia.

EL COGÑAC

Es un destilado del vino producido exclusivamente en el departamento la Charente, región de Cogñac en Francia. Es una de las bebidas más difíciles y costosas de producir. Se debe a que para hacer una botella de cogñac se necesita destilar lentamente y con exactitud diez botellas de vino. Otra cosa que encarece su producción es el alto índice de evaporación. Se calcula que en la región de cogñac se evaporan miles de botellas diariamente.

El gusto y el color del cogñac provienen de su larga conservación en toneles de madera de encina. En el curso de los años durante los cuales permanece depositado en túneles el alcohol disminuye con el tiempo. La cantidad se reduce por evaporación. Esta última es más o menos fuerte, según la naturaleza de la cava o deposito. Esa disminución natural provoca que el producto se vuelva suave debido a las sustancias aromáticas que se desarrollan. En algunos casos podemos llamar brandy al cogñac. Mas no podemos llamar cogñac al brandy hecho en cualquier otra parte del mundo incluyendo las demás regiones de Francia.

Observe una de las formas de agarrar la copa del cogñac con el fin de que se mantenga calientito para que su aroma resalte.

ALGUNAS CLASIFICACIONES MÁS CONOCIDAS EN LAS BOTELLAS DE BRANDIES Y COGÑACS EN OCCIDENTE
VS / V.S.O.P / O.X. / LUIS XIII / Cordon Bleu y otros.

Las regiones principales de producción son: Gran Champagne, Cogñac, Bosque Finos y Armagnac.

LA CLASIFICACIÓN DEL COGÑAC

V S. *** Tres estrellas   Muy especial 1 a 3 años
V O *****   Very Old   Muy Viejo: 3 a 4 años
V O P   Very Old Pale   Muy Viejo: 5 a 7años
V S O P   Very Superior Old Pale Muy Viejo: 10 a 14 años
V V S O P   Very Very Superior Old Pale   Muy Muy Viejo y Superior: 26 a 40 años
X O   Extra Old   Extra Viejo Reservas 1er corte de la uva: 40 a 75 años

ARMAGNAC

Armagnac es el aguardiente más antiguo destilado en Francia. En el pasado fue consumido ampliamente por sus beneficios terapéuticos. En el siglo XIV un cardenal afirmó que contaba con 40 beneficios importantes, algunos de ellos curativos. Posteriormente las destilerías holandesas de Bas-Armagnac, Armagnac-Ténarèze y Haut-Armagnac que eran controlada por las regulaciones y denominación, por separadas comenzaron a comercializar el producto de forma más amplia. Más recientemente, una nueva denominación, "Blanche d'Armagnac", se creó para permitir la producción y exportación de aguardientes claros y blancos envejecidos.

Production Armagnac tradicionalmente se destila una vez que se traduce inicialmente en un espíritu menos pulido que el cogñac, donde la doble destilación se lleva a cabo normalmente. Sin embargo, la larga crianza en barricas de roble, suaviza el sabor y hace que desarrolle los sabores más complejos y adquiera un color marrón.

El armagnac se vende bajo varias clasificaciones diferentes. Sobre todo en referencia a la edad de los aguardientes. Cuando los brandies de distintas edades han sido mezclados, la edad en la botella se refiere a lo joven de los componentes. El armagnac V S es una mezcla de varios armagnacs que han visto al menos dos años de envejecimiento en madera.

Las expresión **Hors d'âge** significa que el más joven de los componentes en la mezcla tiene por lo menos diez años. Los Armagnacs mayores y mejores se venden a menudo en las cosechas, con las botellas.

Al igual que con cualquier "Agua de vida" el armagnac se debe almacenar verticalmente para evitar daños al tapón con alcohol. Una vez abierto, una botella debe permanecer potable.

LOS APERITIVOS

Los aperitivos se dividen en varios grupos:
Los vermouth , los amargos (bitter), los anizados, el *vino de mesa* y el jerez.

VERMOUTH: Es un vino de origen italiano fabricado a base de vinos blancos a los que se añaden hierbas y otros saborizantes. Entre ellos está el ajenjo, la cáscara de naranja, el jengibre, la quinina y la manzanilla. Esta práctica se ha usado desde los tiempos imperiales griego y romano. Pero el nombre vermouth es originario de la palabra alemana "Wermut", que es un matorral que crece en varias partes de Europa y de donde se extraía el sabor para los vinos del Rhin en el siglo XVI. Se presenta por lo menos en cuatro tipos: rojo, blanco dulce, dry y Extra dry blanco. Su grado de alcohol está entre 15 y 18 grados y debe tener 70% de vino en su preparación de cócteles.

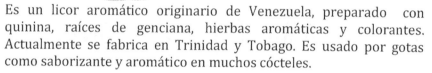

ANGOSTURA
Es un licor aromático originario de Venezuela, preparado con quinina, raíces de genciana, hierbas aromáticas y colorantes. Actualmente se fabrica en Trinidad y Tobago. Es usado por gotas como saborizante y aromático en muchos cócteles.

CAMPARI: Es una bebida alcohólica de grado medio, tonificante y refrescante, calificable como aperitivo. La marca es propiedad del Grupo Campari. Aperitivo de origen fabricado a base de destilados de jugos de uva. Es una bebida aromática, con sabor amargo y dulce, de color rojo.
El amargo se debe a la quinina y al ruibardo. Generalmente tiene 30 grados o menos de alcohol. Se bebe con hielo o con soda, como aperitivo. Su orígenes milanés se remonta a 1860 en Milán. Concretamente en el café Campari, donde se ofrecía a la clientela un aperitivo de su invención. Obtenido a partir de extracto de alcachofa, su característico sabor surgía de la combinación de hasta 60 ingredientes distintos, incluyendo hierbas, especias, ralladuras de frutas y cortezas de toronja. El color hasta el día de hoy es de la cochinilla, el colorante que se emplea en los licores para darles el color rojo.

PASTIS: Licor aperitivo con anís, original de Francia, hecho en porcelana a temperatura ambiente con alto contenido alcohólico, de 40 a 45%. Sin embargo, también existen versiones de este licor sin alcohol. En época fría se calienta ligeramente.

El pastís se realiza como cualquier bebida destilada de alcohol etílico, al que se le agregan hierbas y flores. Se elabora así un licor al que luego se le introduce añade anís. Es la La bebida tradicional de Francia. Se bebe generalmente diluida en agua, lo cual disminuye considerablemente la graduación alcohólica del y cambiando su color original amarillo verde oscuro a un amarillo claro. Se bebe frío, como bebida refrescante y aperitivo. También se le puede agregar hielo. En las zonas de Provenza y Marsella se consume este licor como parte cotidiana de una costumbre ancestral.

EL JEREZ

Proviene de España. También se llama sherry y fino. En los vinos especiales es un fortificante, razón por la cual no usa corcho. Es fortificado con brandy. Puede ser seco o dulce. Es un vino de aperitivo, postre y digestivo. Las uvas que se usan en el jerez son: palomino, Pedro Ximénez y moscatel. Su grado alcohólico es de 17 grados. Se toma bien frio y en una copa fría estrecha y larga.

La diferencia entre el oporto y el jerez es la adición de aguardiente. El oporto se hace durante la primera fermentación, mientras que el jerez se hace después de la primera fermentación. Es por eso que el oporto es más dulce, puesto que todo el azúcar no ha llegado a transformarse en alcohol. Hay varios tipos de sherry o jerez. Entre ellos encontramos:

*El "fino" (dry).
*El "amontillado" (seco o semiseco)
*El "amoroso" (dulce)
*El "oloroso" (seco o dulce)
El **jerez** (en inglés sherry y francés xérès) es un tipo de vino español que se produce en su mayoría en algunas ciudades andaluzas.

AGENTES SABORISANTES PARA MEZCLAR

Se llama así a todos los licores y destilados hechos a base de frutas fermentadas, especias, raíces, hierbas aromáticas y materias vegetales.

TRIPLE SEC: Considerado uno de los espíritus de mezclar cócteles más importantes. **T**riple sec o **triple seco** en castellano es un licor que se emplea en gran cantidad de cocteles y recetas por su aroma y sabor a naranja.

Para su elaboración no se emplea el jugo ni la pulpa, sino las cáscaras secas de la naranja. Su nombre hace referencia a la **triple destilación** que se realiza durante el proceso de fabricación. Para su elaboración se suelen emplear naranjas de España, Brazil o del Caribe.
Algunos triple sec son incoloros, mientras que otros tienen tonos amarillentos por su base de brandy o coñac. El volumen de alcohol del **triple seco** varía entre 15 y 40°, siendo 30° lo más habitual.
Si bien se emplean frutos venidos de muchos diferentes países, el **triple seco** lo creó Jean-Baptiste Combier en Francia. Quizás por ello algunas de las marcas más conocidas en la actualidad son: Cointreau y Grand Marnier.
El **triple seco** lo podemos saborear sólo cuando tiene una buena base de cognac o brandy, sino lo más habitual es utilizarlo como ingrediente en cócteles, como por ejemplo en la receta de cóctel Margarita o cosmopolitan.

CURACACO

A pesar de sus colores artificiales, el *curaçao* se considera generalmente como un triple sec o triple seco. Como digo, su color no es natural, sino creado con aditivos. Pero el licor de base es similar al triple sec, ya que se elabora con una variedad de cítricos.
Es un licor fabricado en las Antillas Holandesas a base de la corteza amarga de naranjas especiales llamadas citrus curassaviensis, originaria de la isla de Curacao, ubicada en las Antillas Neerlandesas, mar Caribe.
Su graduación alcohólica oscila entre los 20º y 40º. Existen diversas variedades, que van desde los muy dulces a completamente secos.

También existen variedades cromáticas, por lo que resultan muy vistosas en coctelerías.

El licor llamado blue Curacao es la base de muchas recetas para preparar tragos. Es un licor tropical hecho a base de alcohol neutro con infusión de cáscara de naranja que le transfiere su sabor característico. El color del **curacao** depende ya de una adición química de colorante y existen las variantes del curacao en blanco y naranja.

Historia

Cuando los españoles llegaron a la isla de Curazao a principios del siglo XVI plantaron cientos de árboles de la variedad "Naranja Valencia", pero el suelo árido y el clima muy seco cambiaron esa jugosa fruta y la volvieron amarga e incomible, Décadas después se descubrió que las cáscaras de esta naranja contenían un aceite etéreo con una fragancia muy agradable cuando la cáscara de esta naranja se secaba al sol.

SLOE GIN

SLOE GIN: Es un gin por nombre solamente, ya que es un licor dulce rojizo que es producido a base del pacharán de **Endrinas Maduras.** Es el fruto maduro de un arbusto silvestre. Es la bebida ligeramente alcohólica, entre25 y 30% elaborada por el sistema tradicional de maceración de **endrinas,** frutos que transmiten a sus características de color rojo.

Aroma y sabor afrutado Unas pinceladas suaves de anís y azúcar terminan de armonizar las cualidades organolépticas propias del pacharán.

APRICOT BRANDY

Es un licor de origen inglés, hecho a base de brandy y albaricoques maduros con una graduación de 31 a 40 grados.

Crema de cassis

La crème de cassis, (en español "crema de grosella negra"), es un licor dulce, de color
rojo oscuro, originario de la región de
Borgoña, en Francia. Es un licor de
consistencia cremosa y concentrada. Se suele tomar mezclada con otras bebidas. Por lo tanto, se emplea como ingrediente de varios

cocteles. Es especialmente conocida como kir, nombre dado a la antigua bebida aperitiva blanc cassis, en la que se mezcla la crème de cassis con vino blanco.

PEACH SCHNAPPS
Es un licor cristalino bajo en dulce, hecho de melocotón.

PARFAIT AMOUR: Legendario curacao liqueur de color violeta con naranjas dulces y sabor a vainilla.

MIDORI: Es un licor de melón producido en México, aunque tiene su origen en Japón. Se elabora con melón macerado, a cuyo líquido se le añade almíbar y se envasa. También puede prepararse mezclando agua, alcohol, azúcar y esencia de melón. Este licor tiene 21º de contenido alcohólico. Es una bebida que raramente se bebe sola, dado que tiene un sabor muy particular. Generalmente se emplea en cócteles, a los cuales les otorga un toque exótico. Es común mezclarlo con jugo de limón, naranja, lima o ananá.

GREEN APPLE SCHNAPPS:
Licor hecho a base de manzanas verdes fermentadas con azúcar y alcohol metílico.

SOUTHERN COMFORT: Licor procedente de los Estados Unidos que se elabora con whisky aromatizado y licor de melocotón.

LOS FLIPS: Se llama flips a todas aquellas bebidas que contengan cosas crudas, tales como yemas de huevos consomé, etc.

LOS LICORES DIGESTIVOS MÁS CONOCIDOS

LICORES: (liqueur) Se le llama licores a aquella mezcla de 4/6 finas o extra finas de 3/6 que tengan un grado de pureza análoga al sirope de azúcar junto con materias y sustancias aromáticas que lo caracterizan. Es la presencia del sirope de azúcar lo que eleva la proporción inicial de alcohol al grado de licores finos, los cuales tienen de 20 a 25 grados. Hay marcas famosas que alcanzan hasta 40 grados.

GRAND MARNIER: Es un fino licor elaborado en Francia. Es un licor premium de naranja elaborado con la mejor selección de cogñacs. La esencia cítrica de Grand Marnier proviene de la *citrus bigaradia*, naranja exótica del Caribe, procedente de una plantación propia. Grand Marnier es el licor de naranja Nº 1 en todo el Mundo. Se elabora en varios tipos: cinta amarilla y cinta roja, siendo esta última, mitad cogñac y mitad Gran Marnier. Hoy día ya tenemos una gran variedad. Todos tienen un grado de alcohol de 40 grados.

SAMBUCA: Anisados, aunque su nombre procede de las flores de saúco, que contribuyen asimismo, a darle aroma. La sambuca se bebe casi siempre con granos de café tostados, que se mastican previamente. Cuando está preparado con café, es llamado "sambuca negra".
También es un licor italiano fuerte y seco catalogado dentro de los que se pueden flambear de una manera espectacular. Por ejemplo, en una sala en penumbra, se sirve la sambuca en una copa y después de colocarle 3 ó 4 granos de café,
se aplica una llama viva hasta que los granos se hayan chamuscado, luego se apaga el fuego, obteniendo así un especial aroma. Los italianos lo llaman "sambuca con moscas"

EL ANIS
ANIS: Es un licor que se obtiene de vino de uva, caña de azúcar y con maceración de vegetales, entre lo que predomina el anís. Se presenta bajo diversos nombres, como anisado, anisette pastis, sambuca, etc. Es un licor muy digestivo y puede beberse solo o con hielo y agua. El anís es muy bueno para la salud. En la antigüedad se consumía con fines digestivos y para equilibrar el organismo.

Sin embargo, el licor de anís es algo diferente. Abusar de él significa entregarse a una fuerte resaca el día siguiente. De todos modos, el licor de anís es una de las bebidas preferidas para consumo después de las comidas. Su elaboración proviene de la destilación de varias hierbas y semillas fermentadas de la zona mediterránea. Es capaz de alcanzar el 45% de graduación alcohólica. Deja un sabor ardiente y fuerte en la garganta.

Para que no resulte tan seco se suele matizarlo con un poco de agua, e incluso mezclarlo con otras bebidas, aunque no es muy recomendable.

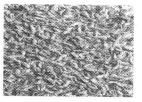

Planta y granos del anís

DRAMBUIE: Es un licor escocés hecho de whisky escocés envejecido durante 20 años. Se le añade miel de abejas y varias hierbas aromáticas locales. La palabra drambuie proviene del significado gaélico "la bebida que satisface". Es una rica combinación de whiskys escoceses, miel e ingredientes secretos de la receta original. En él perdura la historia de la osadía de un príncipe escocés y de su escapada a través de las Tierras Altas escocesas. Databa del año 1745 cuando el Príncipe Charles Edward Stuart intentó recuperar el trono británico, premio que había creído merecidamente suyo, luchando por él batalla tras batalla. Sin embargo, tras la batalla de Culloden se vio obligado a huir a Escocia. El príncipe llevó a cabo su eficaz fuga atravesando montañas, cruzando valles; y escapó de sus captores gracias al cobijo que le ofrecieron los clanes de las Tierras Altas escocesas.

Como muestra de su gratitud, confirió a John MacKinnon la receta del Licor Drambuie, el cual había sido elaborado por el boticario real con los ingredientes más ricos y exclusivos, pues era exclusividad de la nobleza. La receta sigue siendo secreta, custodiada por las mujeres del clan MacKinnon y sólo se conocen algunos ingredientes de su composición.

Uno de ellos es el azafrán, la especia más cara del mundo y reservada para la realeza. Sólo la matriarca de la familia tiene acceso a ella y la autorización para elaborar el licor.

GALLIANO: Es un licor dulce, amarillo dorado fabricado en Italia. Es de sabor muy característico y se hace a base de infusión de hierbas, flores, especias, naranjas y raíces. Por ejemplo, el anís, el regaliz y la vainilla. Se bebe solo o con hielo y se usa como ingrediente en cócteles. Tiene 40 grados. Fue creado por un destilador toscano llamado Arturo Vaccari.

FRANGELICO: Producido en Piamonte, región del norte de Italia. Sus orígenes se remontan a más de 300 años con la presencia de los primeros monjes católicos que vivían en las colinas del área. Sus habilidades en la buena comida y bebida incluían el arte de destilación. En especial el uso de las avellanas y otros ingredientes locales.

Su nombre también es parte de la misma leyenda local. Es decir, la abreviatura de Fra. Angelico; monje ermitaño que se cree habitó las espléndidas colinas de Piamonte durante el siglo XVII.

El envase de Frangelico es un recordatorio inmediato de su propia historia. Tiene la forma parecida al hábito de un monje, con un tradicional cinturón de soga alrededor de la cintura. Es la garantía de autenticidad y calidad que une el pasado con la actualidad.

CYNAR: Alcachofa, licor amargo originario de Padora, Italia. Su base es de vino y la maceración de alcachofas,
Es un licor muy digestivo y contiene 16 grados de alcohol
FERNET:
Original de la ciudad de Milán, Italia. El fernet es una bebida alcohólica amarga elaborada a partir de varios tipos de hierbas, como la mirra, el ruibardo, la manzanilla, el cardamomo y azafrán, entre otras; que son maceradas en alcohol de uva, filtradas y añejadas en toneles de roble durante un período que puede ser de 6 a 12 meses.

Su graduación alcohólica es del 45% y posee un color oscuro y un aroma intenso. Originalmente era sólo una bebida digestiva. Actualmente suele servirse como aperitivo antes o como digestivo después de una comida.
También puede servirse con el café expreso. Dado su sabor y contenido alcohólico lo más usual es beberlo combinado con soda, agua mineral o mezclado en cócteles.

Por la variedad de ingredientes que contiene se emplea en la preparación de remedios caseros para mejorar dolencias que incluyen molestias menstruales y gastrointestinales, resaca, cólicos del bebé, y el cólera -antiguamente.

GRAPPA

Este extraordinario licor digestivo es obtenido por destilación de orujos de uva. Es decir, las partes sólidas de la vendimia que no tienen provechamiento en la previa elaboración del vino.
Algunos de ellos ponen como aromatizante la planta Chaparuta (Ruda). Es elaborado en Italia. Tiene de 38 a 50 grados de alcohol.

El nombre genérico en español es aguardiente de orujo, y en cada país recibe una denominación diferente, según el idioma local y la tradición. Así el aguardiente de orujo forma parte del mismo tipo de bebidas que *el marc francés*, *grappa* italiana o eslovena, las *bagaseiras* portuguesa o el *tsiroupo* griego.

En Uruguay se hace la grappa miel, la cual es una bebida alcohólica oriunda uruguaya. Consiste en mezclar grappa y miel de abeja. Se obtiene del destilado de orujos y borras provenientes de la fermentación de la uva. Luego se mezcla con miel pura de abejas.
La grappa miel contiene alrededor de 25% de alcohol, por lo general.

 AMARETTO: Es un licor hecho a base de almendras maceradas en alcohol de vino. El amaretto es un licor en el que se combinan el dulzor del albaricoque con el amargor de las almendras.
Ambos están acompañadas de alcohol puro, azúcar caramelizada y frutas aromáticas, entre las que se destacan de forma especial, la vainilla. Su graduación alcohólica suele rondar entre los 25º y los 30º. Tiene su origen en Saronno, Milán.

KAHLUA: Es un licor de café producido en Estados Unidos. Su fama es de alcance mundial. Se compone de café mexicano de la mejor calidad. Por tal razón tiene un color marrón oscuro, además de un sabor fuerte y único. Su sabor dulce lo hace irresistible.

El contenido alcohólico de Kahlúa varía entre 20.0% y 26.5%, dependiendo del mercado internacional. Aunque también hay ediciones especiales de **Kahlúa** con mayor contenido de alcohol. Un ejemplo de ello es el llamado "Kahlúa Especial", de alta calidad. En el año 2002 fue lanzado al mercado con un precio más alto. Se lo puede conseguir en centros de venta duty-free (en aeropuertos), principalmente. Kahlúa Especial tiene un contenido alcohólico de

36% y una viscosidad más baja. Es menos dulce que la versión ordinaria.

Kahlúa Allied Domecq produjo el Kahlúa en México, desde 1936 hasta que la compañía fue parcialmente adquirida en 2005 por Pernod Ricard, el segundo productor de licores más grande en el mundo. Se usa regularmente para preparar cocteles y como ingrediente decorativo en varios postres, incluidos helados, pasteles y otro tipo de repostería fina. También se mezcla con leche y con café líquido, para endulzar y dar un suave toque de licor.

TIA MARIA: El Tía María es elaborado por la compañía Pernord Ricard. La sensación Tía María, más que un simple licor del cual se sabe poco. Su origen y receta proviene de Jamaica. Su historia se remonta a los años de 1940. Este exquisito licor deja su inigualable sabor en el paladar de quien lo bebe. Se nota la presencia de café jamaicano, vainillina, caramelo y aguardinte de caña, similar al ron. Lo podemos consumir solo, con hielo o en la preparación de cócteles. Este licor de café fue premiado con la medalla de oro en el Internacional Wine & Spirits' Competition, durante dos años seguidos. El objetivo del concurso es promover la calidad y la excelencia de los mejores vinos y licores del mundo. Se puede encontrar el Tía María en distintas presentaciones como: 700 ml, \350 ml, y en botellitas miniaturas de 50 ml. Una variante del Tía María clásico, es el Tía Crema, el cual combina perfectamente el sabor del café Tía María con crema y otras esencias. Es ideal para acompañar helados, postres y café.

BENEDICTINE: Licor dulce muy aromático elaborado por sacerdotes benedictinos, a base de hierbas y fórmula secreta, en Francia, desde hace varios siglos. Su receta incluye veintisiete plantas y especias. Es muy apreciado como pouse-café o como ingrediente de cócteles. Cada botella de Bénédictine posee impresa en su etiqueta las iniciales D.O.M., algunas personas de maneraa equívoca creen pue significa "Orden de los Monjes Dominicos", pero en realidad significa "Deo Optimo Maximo"; "Para nuestro mejor, gran Dios. La orden de los Dominicos utiliza la designación O.P., que significa "Orden de Predicadores". En 1510, en la abadía de Féchame de la orden benedictina en Normandía, un monje llamado Dom Bernardo Vincelli desarrolló la receta de un elixir aromático. La bebida se produjo en la abadía hasta que la receta se extravió durante ciertos tiempos turbulentos que vivió la abadía durante la Revolución Francesa. En 1863, Alexandre le Grand, redescubrió la receta y comenzó a producir el licor bajo la marca "Bénédictine". La compañía que él fundó continúa produciendo el licor todavía. La receta es un secreto comercial muy protegido que sólo es conocido por tres personas. La misma empresa también produce el licor "B & B" (o Bénédictine y Brandy), que es Bénédictine disuelto con brandy. Es menos dulce que el Bénédictine regular.

El B & B fue desarrollado durante la década de 1930 cuando los consumidores comenzaron a mezclar el Bénédictine con brandy a los efectos de obtener una bebida con un sabor más "seco". El Bénédictine posee una graduación alcohólica del 40%, mientras que el B & B tiene una graduación del 43%. En 1977 la empresa también sacó al mercado un licor de café con una graduación alcohólica de 30% llamado Café Bénédictine, una mezcla de Bénédictine y un licor aromatizado con café.

JÄGERMEISTER: Otra bebida de origen monástico que da su nombre al citado color Jägermeister, (*Maestro Cazador*), y Unicum. La receta de este licor alemán, denominado Jägermeister es secreta. Contiene 51 hierbas diferentes. La popularidad de esta bebida ha tenido tanta fuerza que a finales de los 90 llegó hasta la clase media de los **Estados Unidos.** Es común encontrar cócteles hechos a base de este licor. Entre ellos figura el Jägerbomb. Una botella de 700 ml de Jägermeister puede costar alrededor de $40 dólares (en España, este licor contiene un 50% de jugos tropical.

OPORTO: Es un vino producido en viñedos del valle del Duero, en Portugal. El oporto natural es rojo. El blanco es un oporto decorado. Se toma un mínimo de dos años para envejecerlo antes de que pueda ser consumido. No obstante, hay un oporto que se toma hasta 15 años de envejecimiento antes de ser consumido. El oporto es un vino encabezado o fortificado. Es decir, se le añade alcohol vínico para interrumpir el proceso de fermentación, aumentando de este modo tanto el contenido de alcohol, como la concentración de azúcares.

KIRSCH: Es un licor elaborado por destilación de zumo fermento de una especie de cereza silvestre que se produce en la Selva Negra. Se toma frió en copa de cogñac.

Kirsch, cherry brandy

La Europa Oriental tiene un bien ganado prestigio en la elaboración de sus aguardientes de frutas. Los hay de cerezas, ciruelas, peras albaricoques, frambuesas, grosellas e higos. El mejor Kirsch-wasser se logra con la pequeña cereza negra silvestre que crece a orillas del rio Rin, en tres países vecinos: Basilea, donde se origina este rió, Alsacia y en la orilla opuesta que pertenece a Alemania, en la Selva Negra. También hay de muy buena calidad en Hungría.

Las diferentes calidades de Kirsch están clasificadas en forma muy precisa: *Kirsch puro o natural no lleva ningún aditivo o mezcla ajena al producto natural.
*Kirsch Commerce es el Kirsch natural con alcohol neutro, o con algún aguardiente que no haya recibido ningún aporte o refuerzo bonificador y *Kirsch Fantasía que es una mezcla del natural con un aguardiente neutro y adición de un bonificador.

*Kirsch Artificial es un aguardiente neutro, rebajado al grado de consumo y aromatizado con esencias.
El Kirsch se debe tomar bien frío, o como los diestros bebedores, que colocan un trozo de hielo con agua en la copa y lo mueven hasta que consiguen enfriar el cristal, luego tiran el hielo y el agua y llenan la copa con Kirsch, mientras van degustando y tratando de obtener una placentera digestión después de una copiosas comida.

BAILEY'S IRISH CREAM

La Crema Irlandesa Bailey's es un licor basado en whisky irlandés y crema de leche fabricado por Bailey & Co. de Dublín, Irlanda. La marca es actualmente propiedad de Marttin Breyer.

Según se indica, su contenido alcohólico es de un 17% del volumen. Introducido en 1951, Bailey's fue el primer licor de crema irlandesa en el mercado. Actualmente el número de licores de este tipo ha aumentado. *Bailey's* es el primer licor en combinar crema y alcohol de manera óptima y estable que permite su comercialización.

El whisky y la crema son homogenizados a fin de formar una emulsión, con la ayuda de un emulsionador que contiene aceite vegetal refinado. Este proceso evita la separación del whisky y la crema durante su almacenaje. Según el fabricante, no se utilizan conservantes.

El whisky es suficiente para conservar la crema. La crema utilizada en esta bebida viene de Kilkenny, Irlanda. Se utilizan más de 4 millones de litros de crema irlandesa para la producción de *Bailey's*, lo que representa el 4.3% del total de producción lechera de Irlanda. Según el fabricante, el licor tiene una vida útil de 24 meses y debe ser almacenado entre 0 y 25 grados centígrados o entre 32 y 77 grados *Fahrenheit*. La crema irlandesa puede beberse sola, con hielo o como parte de un cóctel. También es común tomarlo con café en lugar de nata, con el licor sin calentar.

¿QUE ES EL ORUJO?

El orujo es un aguardiente obtenido por destilación de orujos de uva. Es decir, las partes sólidas de la vendimia que no tienen aprovechamiento en la previa elaboración del vino. Pertene al mismo tipo de bebida que el marc francés, la grappa italiana, la bagaçeira portuguesa o el tsiroupo griego. La mejor calidad de orujo es el de marcs de Bourgogña.

La normativa de la Unión Europea (Reglamento 1576/89) define el aguardiente de orujo, orujo o marc, como La bebida espirituosa obtenida a partir de orujos de uva fermentados y destilados, bien directamente por vapor de agua, previa adición de agua, a los que han podido añadirse lías en una proporción que se determinará, siendo efectuada la destilación en presencia de los propios orujos a menos de 86% volumen, con un contenido en sustancias volátiles igual o superior a 140 grados de alcohol a 100% volumen y con un contenido máximo de alcohol metílico de 1000.

METAXA

Brandy de origen griego con una graduación
de 40% de alcohol. El metaxa es una bebida destilada griega, creada por
Spyros Metaxas en 1888. Es una mezcla de brandy y vino hecho de
variedades de uvas savatiano, sultanina y corintio negro, secadas al sol. Se
mezcla entonces con vino moscatel añejo de la islas griegas de Samos y
Lemno.

Se exporta a más de 60 países. La primera producción destilada comienza
con la destilación de varias variedades de vinos, principalmente savatiano y
rhoditis y que, tras una destilación doble se mantienen en bodegas en
barrica nuevas pequeñas de roble francés de entre 300–350 litros. Las
barricas francesas son más adecuadas que las americanas porque tienen
poros más pequeños, lo que ralentiza el intercambio de sabor entre la
barrica y el licor, resultando en un sabor más refinado.

Algunos de los destilados se trasladan a barricas de mayor tamaño de 3
metros de volumen para seguir su maduración y para el mezclado. La
maduración varía entre 3 años (metaxa de tres estrellas) y 30 años (Gran
Reserva).
El metaxa tiene 5 variedades principales: 3 estrellas, 5 estrellas,7 estrellas,
12 estrellas y el Gran Reserva.
El número de estrellas representa la cantidad de años que se deja madurar
la mezcla. La de cinco años es más seca, por lo que pronuncia el alcohol. Las
de siete y doce estrellas tienen un sabor más complejo y pronunciado, si
bien el de doce años es más seco, dado que no se añade vino. La Gran
Reserva es la más cara y madura durante treinta años, pero es difícil de
encontrar. El metaxa se suele beber puro, con hielo o mezclado.

EL SAKE

Al que en Japón se le llama ninonshu (licor japonés) o sei shu (licor
puro), es una de las bebidas con más cultura. El sake es una bebida
producto de una fermentación en paralelo, donde el almidón de
arroz luego de ser adecuado para formar una solución homogénea
con agua, es desdoblado a temperaturas entre 28 y 32 grados
centígrados, produciendo azúcares, los cuales son la base de trabajo
de la fermentación. Lo que da como resultado una bebida de tipo
alcohólica, con una gradación de hasta un 20% en volumen, de color
transparente hasta ligeramente blancuzco. Deja una sensación seca
en el paladar.

CALVADOS: Licor dulce de color ámbar hecho en base de manzanas en la región de Normandía, Francia. Más de 40 grados de alcohol. Se bebe en copa de cogñac. Su nombre proviene de Calvados, departamentos francés en el que es elaborado. Según una leyenda, este nombre sería una degeneración de la palabra "salvados", originada de la historia del barco El Salvador de la Amanda Invencible de Felipe ll, que naufragó en costas normandas. Unos estudios recientes revelaron que el nombre Calvados designaba dos montículos de esta parte de la costa normanda, que servían de referencia a los marineros para evitar unos arrecifes que afloran allí. Esas elevaciones con poca vegetación se llamaban calva dos en los mapas, del latín *calva dorsa*, que significa "otero calvo", ya que su aspecto pelado las hacía fácilmente reconocibles desde el mar.

COINTREAU

Cointreau es la marca comercial de un licor triple seco francés, elaborado a base de cáscaras de naranjas. Fue creado en la destilería de la familia Cointreau en 1875.

Características y consumo

Es un licor de 40% Vol. de graduación alcohólica, obtenido a partir de la destilación de cáscaras de naranja de variedades y procedencias diversas, tanto dulces como amargas. Las cáscaras se secan al sol, se maceran y se destilan en alambiques de cobre, dando por resultado un aceite esencial que confiere al licor un aroma intenso y muy natural, entre dulce y amargo. Este aceite esencial se mezcla con alcohol, agua y azúcar en forma de almíbar y especias.

El secreto de su elaboración y composición ha sido cuidadosamente guardado desde hace más de 130 años. El licor es cristalino y se enturbia en contacto con el hielo, adquiriendo un tono nacarado. Tradicionalmente se tomaba con los postres o después del café, o como bebida digestiva. Desde el principios de los años 1920 alcanzó fama mundial. Por esta razó,n pasó a ser el triple seco más utilizado en la composición de cócteles tan conocidos, como el Cosmopolitan, el Sidecar y la Margarita. La lista de los cócteles en los que se emplea el Cointreau sigue alargándose, puesto que su categoría de "alcohol blanco" (cristalino), facilita su combinación en cócteles y bebidas. Cuando no se combina con otras bebidas, se suele tomar seco o con hielo

GUIA RAPIDA DE COCTELES B.W.T.

AFTER EIGHT COCTEL 1
Después de las ochos

1 Onza de Vodka
½ „ „ Crema de Cacao blanca
½ „ „ „ „ Menta verde
Batir con hielo y servir frío en una
copa de coctel pequeña

ALABAMA SLAMMER 4
1 Onza de Amaretto
1 „ „ Sloe gin
1 „ „ Southerm Comfort
3 „ „ Jugo de naranja
Batir y servir con hielo en vaso
Collins. Decore con naranja y 1 cherry

AFINITY MARTINI 2
2 Onzas de Scotch Whisky
1 „ „ Sweet Vermouth
1 „ „ Dry Vermouth
3 Gotas de Amargo Angostura
Mezcle en la coctelera con hielo
y sirva frío en copa de coctel
pequeña. Decore con limón

AMARETTO CON LECHE 5
2 Onzas de Amaretto
3 „ „ Leche Evaporada
Sirva directo con hielo en vaso
oldfashioned o high-ball

AKU AKU COCTEL 3
1 Onza de Ron blanco
½ „ „ Peach schnapps
1½ „ „ Jugo de piña
½ „ „ Jugo de limón
8 a 10 „ Hojitas de menta frescas.
Ponga en la licuadora con hielo y sirva
frozen en copa de coctel. Decore con
hojas de menta frescas y una cherry en
el borde de la copa

AMARETTO STINGER 6
2 Onzas de Amaretto
¼ „ „ Menta verde
Sirva directo con hielo en vaso
oldfashioned. Decore con una
ramita de menta fresca y 1 cherry

ALEXANDE REGULAR   7

2   Onzas de Gin
½   „   „   Crema de cacao marrón
2   „   „   Leche evaporada
Batir con hielo y servir frío en copa de coctel mediana.
Decore con canela en polvo

AMARETTO SOUR   10

2 Ozs. de Amaretto
3   „   „   Sweet & Sour
Batir y servir con hielo en vaso oldfashioned o copa de coctel.
Decore con limón y 1 cherry

AMERICANO   8

1 ½ Onza de whisky bourbon
un chorrito de azúcar liquida,
4 Gotas Amargo Angostura,
Ponga en una copa flaute alta y complete con champagne.
Decore con una cherry

GREEN APPLE MARTINI   11

2½ Onzas de Licor de Manzana verde
½   „   „   Vodka
¼   „   „   Sweet & Sour
Batir con hielo y sirva frío en copa de coctel Martini.
Decore con manzana verde y una cherry

AMERICAN MARTINI   9

1½ Onza de Bourbon whisky
½   „   „   Sour Apple (verde)
½   „   „   Licor de blue berry (myrtilles)
1   „   „   Jugo de cranberry
¼   „   „   „   Limón puro
Batir con hielo y servir frío en copa de cóctel martini mediana

RED APPLE MARTINI   12

2½ Onzas. de Jugo de manzana dorado
1½   „   „   Vodka
½   „   „   Granadina
¼   „   „   Sweet & Sour
Batir con hielo y servir frío en copa de coctel Martini.
Decore con manzana roja

B-52 = a AVION BOMBALDERO   13

½ Onza de licor de café
½ „ „ Irish cream(Crema Irlandesa)
½ „ „ Licor Grand Marnier
Sirva directo en un vasito double shot
Ponga los licores en el orden que están
Para que no se mezclen, ayúdese con
La cucharita del bar o una de té para
colocarlo lentamente. Antes, puede
decorar el vaso con azúcar en el borde
y encender un poquito de ron **151**en la
cucharita y luego dejarlo caer despacio
dentro del vasito o copa ya servido.

BAMBOO COCTEL   14

2 Onzas de Jerez seco
2 „ „ Dry Vermouth
¼ „ „ Cointreau
3 Gotas „ Amargo Angostura
Batir con hielo y sirva frio en copa
de coctel Martini. Ponga una cherry
de decoración en el bolde

BAHIA COCTEL   15

2½ Ozs de Ron blanco
1 „ „ Jugo de piña
1 „ „ Parcha
1 „ „ Fresas
1 Cucharaditas de crema de coco
lopez Poner en la licuadora y sirva
frozen en copa o vaso oldfashioned
Decore con piña y 1cherry

BAHAMA MAMA #1 Ojo   16

de este cóctel hay muchos, éste puede ser frozen
o con hielo. Solo utilice la crema de coco si va a
hacer frozen, de lo contrario solo el ron de coco

2 Onzas de Ron dorado
1½ „ „ Licor o crema de coco
½ „ „ Licor de café
½ „ „ Syrup de granadina
3 „ „ Jugo de piña
Chorrito de jugo de limón puro
Batir en la coctelera y sirva
con hielo en vaso Collins mediano o
o copa alta con todo y espumita.
Decore con piña y cherry

BABY BLUE MARTINI   17

2 Onzas de Gin
1 „ „ Blue curacao
1 „ „ Jugo de toronja
1 „ „ Jugo de piña
Batir con hielo y servir frío en copa
de coctel Martini mediana
Decore con piña y cherry

BAY BREEZE   18

2 Onzas de Vodka
3 „ „ Jugo de piña
2 „ „ „ „ Cranberry
Sirva sin batir en un vaso Collins
mediano con hielo.
Decore con pina fruta y 1 cherry

BLING BLING   19

1   Onza de Vodka
1½   „   „ Licor de Raspberry
¼   „   „ Jugo de limón puro
½   „   „ Azúcar liquida
Completar con champagne. Servir
en copa flaute y decore con limón

BLOOD JACK   22

½ Onza de licor de café
½   „   „ Bailey's
Ponga en un (shot) vasito de 1½ oz.
Complete con crema wheat cream

BLOODY MARY O BLOODY CESAR 20

4   Gotas de Salsa picante
4   „   „ Soy Sauce
3   „   „ Amargo Angostura ¡Ojo!
Si no la tiene a mano ponga
½ oz. de Campari Bitter.
1   Pisca de sal molida,
1   „   „ Pimienta en Polvo
1   „   „ Sal de Apio (celery salt)
¼ onza „ Jugo de Limón puro
2   „   „ Vodka
3   „   „ Jugo de Tomate o
Clamato, si es bloody cesar.
Batir y sirva con hielo en vaso
Collins mediano. Decore con
un tallo de apio y limón

BLUE KAMIKAZE   23

1½ Onza de Vodka
1   „   „ Blue Curacao
1   „   „ Sweet & Sour
Batir con hielo y sirva en vaso
Oldfashioned (roca) decore con
Limón y una cherry sobre el limón

BLUE LAGOON (Laguna Azul) 24

2   Onzas de Vodka
1   „   „ Blue curacao
3   „   „ Limonada fresca o
sour mix. **Batir** con hielo en la
coctelera, sirva en vaso Collins mediano.
Decore con una ruedita de limón y una
Cherry.

BESO DE VIUDA   21

1 Onza de licor Beneditini o ByB
1   „   „   „ Cointreau
1   „   „   „ Manzana o Calvado
Gotas de Amargo angostura
Servir directo con hielo en vaso
High-ball, Completar con seltzer
soda

BRANDY ALEXANDER   25

2   Onzas de Brandy
1   „   „ Crema de Cacao marrón
2   „   „ Leche Evaporada
Batir los ingredientes con hielo y
sirva frío en copa de coctel Martini
Ponga una pisca de Nutmeg
(Nuesmocada en polvo)

BLUE HAWALLIAN frozen o roca   26

½ Onza de Ron 151
1½   „   „   Blue curacao
1   „   „   Ron de coco
1   „   „   Crema de coco
2 a 3 Ruedita de piña fruta o 2 ozs.
del jugo. Licúe en la licuadora con
hielo suficiente para que quede
frozen y sirva en copa alta
Decore con piña o coco rayado

BUENA VIDA   29

2 Onzas de Tequila
1½   „   „   Toronja Rubby Red
1   „   „   Jugo de piña
4 gotas de sabor a Vainilla y
Un chorrito de azúcar liquida
3 Gotas de Amargo angostura
Batir y servir con hielo en vaso a
la roca

BANANA DAIQUIRI   27

2   Oz de Ron dorado
1   „   „   Licor de banana
¼   „   „   Jugo de limón puro
½   „   „   Syrup de azúcar liquida
½ Banana madura
Ponga en la licuadora con suficiente
hielo que quede frozen sirva en
Grande de o de margarita.
Decore con banana y cherry

BULLDOG COCTEL   30

1 Onza de Ron Blanco
1   „   „   Licor de café
2   „   „   Leche Evaporada
2   „   „   Soda Cola
Batir con hielo y servir en vaso
collins alto. Decore con un palito
de canela

BROOKLIN COCTEL   28

1½ Onza de Whisky
½   „   „   Vermouth Rojo
½   „   „   Licor de Maraschino
2 a 3 gotas de Amer Picon Bitter
sirva frío en copa de coctel
Decore con limón y 1 cherry

BLINKIN   31

1½ Onza de Whisky Bourbon
¾   „   de Granadina
2   „   de Jugo de Naranja
Batir bien con hielo y servir frío en
copa de coctel.
Decore con naranja + una cherry

CANE & COFFE (Caña y café)   32

1½ Onza de Ron dorado
1   „   „ Licor de café
3   „   „ Jugo de piña
Batir y servir con hielo en vaso <u>high-ball</u>
<u>decore con piña y cherry</u>

CASA BLANCA   33

2½ Onzas de Ron Blanco
½   „   „ Triple Sec
½   „   „ Apricot Brandy
Chorrito de jugo de limón **Batir** con
hielo y sirva frío en copa de coctel
mediana.

COCO BANANA LIGHT   34

2 Onzas de Ron de Coco
1   „   „ Licor banana
2   „   „ Jugo de pina
Batir con hielo y servir frio
en copa de cóctel frozen.
<u>Decore con pina y cherry</u>

COCO TURQUESA   35

1½ Onza de Licor de coco
1   „   „ Blue curacao
1   „   „ Licor de melón
2   „   „ Jugo de piña
Ponga todo en la licuadora con
hielo y luego sirva frozen en copa
<u>alta. Decore con piña y 1 cherry</u>

CUPIDO EN FEBRERO   36

1½ Onza de Licor 43
½   „   „ Granadina
3   „   „ Jugo de piña
1   „   „ Syrup de fresa
Batir en la coctelera con hielo frape y
luego sirva en copa de coctel con hielo
mediana

CARPIRINHA CON LEBLON CACHAZA 37

4 a 5 Rodajas de limón verde picada,
machaque un poco en la coctelera con
una cucharadita de azúcar morena
o refina, agregue **4ª5** cubitos de hielo
2½ Onzas de ron Leblon cachaca/za o
ron blanco regular.   **Sirva directo**
con todo en un vaso Oldfashioned
(Roca) o vaso high-ball. **Opcional**
Puede poner seltzel soda o dulce
cristalina. Si al principio no tiene
azúcar crema ponga un chorrito de
azúcar líquida (simple syrup)
Decore con limón.

CHOCOLATE CHIP MARTINI   38

2 Onzas de Crema irlandesa o de cocoa
1½   „   „ Brandy regular
½   „   „ Café licor
½   „   „ Crema de cacao marrón
Batir todo en la coctelera con hielo y
luego sirva frío en copa de coctel
mediana. Decore la copa con syrup de
chocolate por dentro y
Polvoree con canela en polvo y ponga
<u>una cherry</u> <u>en el borde de la copa</u>

CUBA LIBRE O JACK & COKE   39

2 Onzas de Ron dorado, añejo o blanco
3   „   „ Soda negra, opcional
cristalina. **Sirva directo** con hielo en
vaso high ball o Collins mediano
ponga un chorrito de jugo de limón
dentro o una rodaja en el borde.
¡Ojo! si es jack & coke solo cambie
<u>el ron por el whisky Jack Daniel's</u>

COSMOPOLITAN Regular o Cadillac 40

2½ Onzas de Vodka
1   „   „   Triple sec. o Cointreau
1   „   „   Jugo de cranberry
chorrito de jugo de Limón puro
Batir en la coctelera con hielo y
sirva frío en copa de coctel mediana
Ojo poner a enfriar la copa primero
Decore con limón + 1 cherry

CITRUS MARTINI 43

2 Onzas de Vokda citron
½ „   „   Cointreau licor
chorrito de azúcar liquida
3   gotas de amargo angostura
un chorrito de jugo de limón
Batir en la coctelera con hielo y sirva
frío en copa de coctel

CALPIROSKA 41

2 Onzas de Vodka
½   „   „   Limón picado
1 cucharadita de azúcar blanca entera
o líquida. Ponga todo en la coctelera y
machaque un poco. **Sirva con todo y
hielo** en un vaso oldfasioned(roca)
decore con limón

CARIBBEAN BREEZE 44

1½ Onza de Ron oscuro
½   „   „   Licor de banana
2½   „   „   Jugo de piña
2   „   „   Jugo de cranberry
½   „   „   Syrup de Rose's lime
Batir en la coctelera con hielo y sirva
en vaso Collins alto. Decore con piña

CAPRICE 42

1½ Onza de Gin
¼   „   „   Dry o extra dry vermouth
½   „   „   Licor Benéditini
chorrito de bitter(Amargo angostura o)
Campari **Batir** con hielo y sirva frío en
copa de coctel

CARIBEAN PUNCH 45

2 Onzas de Ron 151
½   „   „   Amaretto
½   „   „   Licor de coco
¼   „   „   Licor galliano
½   „   „   Syrup de granadina
Un chorrito de jugo de limón puro
Complete con jugo de piña. **Batir**
con hielo y sirva en copa o vaso alto.
Decore con piña y cherry

DRY MARTINI OLIVE O DUTTY   46

2½ Onzas de Gin o Vodka
¼   „   „ Dry o extra dry vermouth
Batir con hielo y servir frío, si la
copa no está fría del refrigerador
póngala a enfriar con agua y hielo
antes, luego sirva el Martini; ponga
una aceituna verde grande dentro o
si va a serDdirty Martini agregue un
poquito del agua de la aceituna y se
convierte en Dry Martini sucio

DIABLO ROJO (Red Devil)   49

½ Onza de Ron 151
1   „   „ Vodka
1   „   „ Sloe Gin
1   „   „ Amaretto
½   „   „ Southern Comfort
½   „   „ Triple Sec
¼   „   „ Jugo de Limón o sour mix
3   „   „   „   „ Naranja
Batir en la cocktelera con hielo
y sirva en vaso Collins alto. Decore
con Naranja o limón + cherry

DOMINICAN COCO-LOCO   47

1½ Onza de Ron de coco
1   „   „ Amaretto
1½   „   „ Jugo de Piña
1   „   „ Leche Evaporada
½   „   „ Granadina
Batir en la coctelera con hielo y sirva
en vaso Collins mediano. Decore con
piña.

DECADENCE   50

1 Onza de Licor de café
1   „   „   „   „ Nueces (Albellanas)
1   „   „ Crema Irlandesa
Coloque en un vasito o una copa de
digestivo uno a uno los ingredientes
para que no se mezclen y formen un
efecto dividido de colores.

DAIQUIRI PLAIN   48

1 Onza de Ron blanco
1½   „   „ Triple Sec
1   „   „ Sweet & Sour ponga en
licuadora con hielo y sirva frozen
Decore con limón y cherry

DAMA ROSADA   51

1 Onza de Ginebra
1   „   „ Cointreau
¼   „   „ Jugo de limón
Un chorrito de granadina
Batir con hielo un poco, coloque
en una copa de coctel fría con una
cáscarita de naranja dentro

EL BURRO   52

2 Onza de Tequila
Un chorrito de limón puro
un chorrito de syrup de azúcar
3 gotas de amargo angostura(bitter)
Complete con Ginger ale
Batir en la coctelera con hielo y sirva
en vaso Collins mediano. Decore con
una cáscarita de limón

ECLIPSE CÓCTEL   55

2 Onzas de Whisky de Americano
1   „   „ Royal Chambord black berry lic
¼   „   „ Jugo de limón
2   „   „ Jugo de cranberry
Batir en la coctelera con hielo y
sirva con hielo en vaso Collins
decore con limón + 1 cherry

EL MISIL   53

1½ Onza de Cogñac
1   „   „ Vodka
1   „   „ Licor de café
1   „   „   „   „ Cacao marrón
Batir con hielo y sirva frío en copa de
coctel

ENTRE LA SABANA   56

2 Onzas de Brandy
1   „   „ Cointreau
1   „   „ Ron blanco
½   „   „ Jugo de limón puro
Batir con hielo y sirva frío en copa
de coctel. Decore con limón

El SEDUCTOR   54

1½ Onza de Vodka
1   „   „ Amaretto
½   „   „ Sweet vermouth
½   „   „ Peach schnapps
Batir y servir con hielo en vaso
a la roca. Decore con una cherry

ESCORPION   57

1 Onza de Brandy
1   „ „ Ron
½   „ „ Licor de almendra
½   „ „ Cointreau
2   „ „ Jugo de naranja
1   „ „ Jugo de piña
¼   „ „ Ron 151 (para el final)
Batir con hielo y sirva en vaso
Collins alto Decore con naranja o piña

FAVORITO DEL BARMAN 58	FOXY LADY 62

FAVORITO DEL BARMAN   58

1 Onza de Ginebra
¼ „ „ Dry Vermouth
1 „ „ Apricot F. Brandy
¼ „ „ Jugo limón puro
Batir en la cocktelera con hielo
y sirva frío en copa de coctel
Decore con limón y cherry

FOXY LADY   62

1½ Onza de Amaretto
½ „ „ Licor de cacao marrón
2 „ „ Leche evaporada
¼ „ „ Granadina
batir en la coctelera con hielo Sirva
frío en copa de coctel
Decore con 1 cherry

FRENCH MARTINI   59

2 Onzas de Vodka
1 „ „ Royal Chamboard o black Rasp.
2 „ „ Jugo de Piña
Batir con hielo y sirva frío en copa
de coctel ponga a enfriar la copa
en el refrig. o con hielo y agua antes
de servirlo. Decore con una cherry

FLOR DE CEREZA   63

1 Onza de Brandy
1 „ „ Licor de cherry
½ „ „ Syrup de Granadina
½ „ „ Blue Curacao
¼ „ „ Jugo de limón puro
Batir y servir con hielo en vaso
hig-ball. Decore con limón y cherry

FRUIT PUNCH ESPECIAL   60

2 Onzas de Jugo de Naranja
2 „ „ „ „ Piña
2 „ „ „ „ Parcha
1 „ „ „ „ Cranberry
¼ „ „ „ „ Limón puro
1 „ „ Granadina sin alcohool
Batir y sirva con hielo en vaso Collins
o copa alta. Decore con cherry y frutas

FUZZY NAVEL (Ombligo Bello)   64

2 Onzas de Peach schnapps
3 „ „ Jugo de naranja
¼ „ „ Granadina
Sirva directo con hielo en vaso
high-ball. Decore con naranja y 1
cherry

FIRST KISS   61

1½ Onza de Pisco
1 „ „ Lemoncello
½ „ „ Jugo de limón
Un chorrito de azúcar liquida
Batir con hielo y sirva frío en copa de
coctel decórela con azúcar en el borde,
limón y con hojas de menta

FANTASIA LOCA   65

1½ Onza de Vodka
1 „ „ Brandy
1 „ „ Amaretto
½ „ „ Granadina
2 „ „ Jugo de naranja,
2 „ „ „ „ Piña
1 „ „ Parcha
Batir con hielo y servir en copa o
vaso alto. Decore con piña o
naranja + 1 cherry

GIN O VODKA TONIC   66

2 Onzas de Gin
3 ª 4 „ „ Agua tónica
Un chorrito de Jugo de limón
Sirva directo con hielo en vaso.
high-ball o Collins mediano.
Decore con 1 rodaja de limón fresco

GOD FATHER (EL PADRINO)   69

2 Onzas de Scotch whisky
1½ „ „ Amaretto
No batir. Sirva directo con hielo
en vaso a la roca (oldfashioned)
Decore con una cáscarita de limón
Verde y una cherry

GIBSON O TWEEST MARTINI   67

2½ a 3 Onzas de Gin o Vodka
¼   „ „ Dry Vermouth
1 ª 2 Cebollitas de coctel
Poner a enfriar la copa con hielo y agua o
ponerla en el refrigerador
½ hora antes. **Ojo** si va a ser tweest
Martini solo cambie la cebollita por una
cascarita de limón retorcida dentro. **Sirva**
en copa de coctel
con la cebollitas o el tweest de limón
dentro

GIN FISH   70

2 Onzas de Gin
¼ „ „ Jugo de limón
1 „ „ Clara de huevo crudo
1 cucharadita de azúcar en polvo
Batir los ingredientes
enérgicamente y luego poner agua
con gas, sirva frío en copa de coctel
o con hielo en vaso Collins mediano

GREYHOUND   68

2 Onzas de Vodka
3 ª 4 „ „ Jugo de Toronja
Un chorrito de syrup de granadina
Sirva directo con hielo en vaso
high-ball. Decore con naranja

GRAND DANIELLE   71

1 Onzas de Licor Grand Marnier
½ „ „ Jugo de limón puro
½ Naranja con la cáscara en
trocitos, colóquela en un vaso
oldfashioned, Machaque
suavemente con una mano de
mortero. Llene el vaso con hielo
picado y rellene con una onza más
de licor Grand Marnier

HARVY-WARBANGER   72

1½ Onza de Vokda
1   „   „ Licor Galliano
3 ª 4 „   „ Jugo de naranja
Batir y servir con hielo en vaso
Collins mediano.
Decore con naranja y 1 cherry

HOT PANTS   75

2 Onzas de Tequila dorada
1   „   „ Licor 43
2   „   „ Jugo Toronja Rubby Red
Batir en la cocktelera con hielo
Sirva en vaso Collins mediano
Decore con naranja y 1 cherry

HONNEY MELON SHOOTER   73

1½ Onza de Licor de miel
1   „   „ Vodka
1   „   „ Licor de Melón
1   „   „ Jugo „ Cranberry
1   „   „   „ Piña
Batir con hielo y sirva frío en copa
de coctel. Decore con limón + 1
cherry

HURRICANE   76

1½ Onza de Ron blanco
1   „   „ Spice Rum (Ron co
especias) Agregue 1 oz. de los
Siguientes jugos Naranja, Piña y
parcha (chinola) un chorrito de jugo
de limón **Batir** y servir con hielo en
vaso Collins. Decore con una de las
frutas + 1 cherry

HONEY-MOON(Luna de Miel)   74

1½ Onza de Brandy Beneditini(B y B
1½ „   „ Licor de Apple brandy
¼   „   „ Jugo de limón puro
½   „   „ Triple sec **Batir**
en la coctelera con hielo y sirva
frío en copa de cóctel mediana,
Decore con limón

GIN SOUR   77

2½ Onzas de Gin
2   „   „ Sweet & Sour
2   Gotas de Amargo Angostura
Batir y servir con hielo en vaso
Collins. Decore con limón

INCREDIBLE HULK (hombre increíble 78	IMPACTO 81
4 Onzas de Hpnotiq 1 „ „ Cogñac vs **No batir** **Sirva directo** con hielo en copa de sour. Ponga el hpnotiq primero y luego el cogñac. Decore con 1 cherry	1 Onza de Sweet Semouth 1 „ „ Licor de Calvado(manzana) 1 „ „ Ron blanco **Sirva** en vaso a la roca con hielo. Decore con manzana
ISLA DEL SOL 79	**IMPERIAL** 82
1 Onza de Licor de anís ½ „ „ Syrup de Granadina 2 „ „ Jugo de Naranja 2 „ „ Soda seltzer **Batir** con hielo y sirva frío en copa de coctel. Decore con naranja + una cherry	1½ Onza de Gin 1½ „ „ Dry Vermouth ½ „ „ Licor de cherry 3 Gotas „ Amargo angostura **Batir** con hielo y sirva frío en copa de coctel fría. Decore con una cherry
ISLAND BREESE 80	**ILUSIONES** 83
2 Onzas de Licor de Coco 2½ „ „ Jugo de cranberry 1½ „ „ Jugo Toronja **Batir** y servir con hielo en vaso Collins alto. Decore con naranja y 1 cherry	2 Onzas de Vodka 1 „ „ Cointreau 1 „ „ Licor de melón 3 „ „ Jugo de piña **Batir** y servir con hielo en vaso Collins. Decore con piña y 1cherry

LONG ISLAND ICED TEA	84

1 Onza de Vodka
1   „   „ Gin
1   „   „ Ron blanco o dorado
1   „   „ Tequila
½ „   „ Triple sec
Un chorrito de Jugo limón o sour mix
Complete con soda negra   **"OJO"**
Si es **blue long island** en véz de
poner soda **negra** ponga soda **clara**
dulce, elimine el triple sec y agregue
1 oz de **blue curacao.**
Sirva directo en vaso Collins alto

LONG BEACH	87

1 Onza de Vodka
1   „   „ Ron blanco
1   „   „ Gin-ebra
1   „   „ Tequila
½ „   „ Sour mix o limón
completar con cranberry
Servir directo con hielo en vaso
Collins. Decore con limón. cherry opcio

LIME PISCO ROSE SOUR	85

2 Onzas de Pisco aguardiente
1   „   „ Licor de cherry
½   „   „ Syrup de lime
½   „   „ Azúcar Liquida
Licuar en la licuadora con hielo y
Sirva frozen en copa de margarita
decore con limón y cherry

LAGRIMA DE AMOR	88

1 Onza de Gin-ebra
2   „   „ Peach Schnapps
1   „   „ Leche evaporada
½ „   „ Licor de fresa
Batir y servir con hielo en vaso
Collins mediano. Decore con fresa
fresca

LEVANTA-MUERTO	86

2 Onzas de Brandy
1   „   „ Licor de manzana
1   „   „ Sweet Vermouth
Batir con hielo y sirva frío en copa de
coctel mediana.
Decore con manzana

LEMON DROP	89

½ Onza de Vodka citrun o regular
½   „   „ Triple Sec
¼   „   „ Jugo de limón **Batir** con
hielo y sirva en Vaso doble shot.
Decore con limón

MADRAS 90

2 Onzas de Vodka
3 „ „ Jugo de Cranberry
2 „ „ „ „ Naranja
No batir
Sirva directo en un vaso Collins
mediano con hielo + 1 cherry

MALIBÚ BAY BREEZE 93
(Brisa de la bahía del marabú

2 Onzas de Malibú o otro licor de coco
2 „ „ Jugo de piña
2 „ „ „ „ cranberry
Sirva directo con hielo en vaso
Collins mediano (es opcional **batir**
Decore con piña y 1 cherry

MARGARITA REGULAR 91
Roca, frozen o fría sin hielo

2 Onzas de Tequila Silver (blanca)
1 „ „ Triple sec
1½ „ „ Sweet & Sour
¼ „ „ Syrup de lima
Un chorrito de jugo de limón **"NOTA"**
Si es frozen ponga los ingredientes
en la licuadora con hielo suficiente
Elimine el sour mix y agregue
½ onza de jugo de limón puro
½ onza de azúcar liquida (simple syrup
si es en la roca no ponga la
azúcar solo **batir** con los demás
ingredientes y hielo picado.
Sirva en copa de margarita o
vaso oldfashioned. Decore con sal,
limón y 1 cherry

MOJITO FRESCO B.W.T. 94

1½ cucharaditas de azúcar morena,
blanca o líquida.10 a 12 Hojitas de
hierbas menta frescas.
Use una manito de madera o plástica
para machacar bién las hojas con la
azúcar en la coctelera primero, luego
machaque ½ limón verde en rueda
con cáscaras. Ponga 1oz de triple sec,
1 onza de Sweet & sour o
¼ oz. de jugo limón puro.
2 Onzas de **ron blanco** (opcional dorado)
2 Onzas de agua de soda (Seltzer)o
Opcional, ponga Sprite o 7up. 1 oz de
guarapo de caña si tienea mano.
Nota" Si el mojito va a ser de frutas
ya dulce, no ponga la azúcar. Mezcle y
sirva con todo y hojas. Tiene opción
a colarlo. Luego ponga una ramita de
las hojas de menta entera + 2 lonjitas
de limón dentro de un vaso Collins alto
con hielo. Decore con hojas, caña
Natural, limón, y opcional 1 cherry
sobre el limón o en el borde.

MELON-APPLE MARTINI 92

1½ Onza de Vodka
1 „ „ Licor de manzana verde
1 „ „ Licor de melón Midori
¼ „ „ Sweet & Sour. **Batir** con
hielo y servir frío copa de Martini

MIDORI COLADA 95

2 Onzas de Midori
1 „ „ Ron blanco
2 „ „ Crema de coco
3 „ „ Jugo de piña
Ponga en la licuadora con hielo y
sirva en copa de frozen. Decore con
piña y cherry

MANHATTAN   96

1½ Onza de Whisky bourbon)
1½ „ „ Vermouth dulce rojo
Batir en la coctelera con hielo
y sirva a la roca en vaso oldfashioned
o frío en copa de coctel pequeña.
Decore con una cáscarita de limón
y una cherry

MELON BALL   99

1 Onza de Vodka
2 „ „ Licor de melón verde
2 „ „ Jugo de naranja (o de piña
Batir en la coctelera con hielo luego
sirva en copa de coctel frío o con
hielo en vaso Collins mediano.
Decore con bolitas de melón y una
cherry

MANGO-RITA   97

<u>Ojo" Si es Daiquiri solo cambie el Tequila por ron</u>
2 Onzas de Tequila silver o dorada
1 „ „ Triple sec
¼ „ „ Jugo de limón puro
½ „ „ Simple syrup (azúcar
3 „ „ Jugo puro de mango o pulpa.
Licúe en la licuadora con hielo y **sirva**
frozen en copa de margarita. Decore con
mango fresco + una cherry

METROPOLITAN   100

1½ Onza de Brandy
1½ „ „ Sweet vermouth (Rojo)
1 Gotas Amargo angostura
1 Cucharadita de simple syrup
(azúcar liquida) **Batir** en la
coctelera con hielo y sirva frío en
copa de coctel.
Decorar con 1 cherry opcional

MIDORI SOUR   98

3 Onzas de Midori
2 „ „ Sweet & Sour
Un chorritode Jugo de limón puro
Batir en la coctelera y sirva con hielo en
vaso oldfashioned o copa para sour.
decore con limón y cherry

MIMOSA   101

4 Onzas de Champagne fría
2 „ „ Jugo de naranja
Sirva en una copa de champagne
fría coloque una cherry en el borde
de la copa

MAI TAI 102

2 Onzas de Ron Dorado
½ „ „ Amretto
½ „ „ Triple Sec
½ „ „ Granadina
2 „ „ Naranja
1 „ „ Sweet & Sour
Shake en la cocktelera y sirva con
hielo en vaso o Copa alta
Decore con Naranja y una cherry

MANGO CREMOSO 103

1 Onza de Leche condensada
2 „ „ Syrup o jugo de mango
2 „ „ Ron dorado
Batir en la coctelera con hielo frape
y luego sirva en copa de coctel alta ponga
crema supiro

MATADOR 104

2½ Onzas de Tequila
3 „ „ Jugo de piña
Un chorrito de jugo de limón puro
Sirva directo con hielo en vaso
Collins. Decore con piña y cherry

MUDS LIDE 105
Deslís, Abalancha or Derrumbe

1½ Onza de Vodka
1½ „ „ Bailey's u otra cre
1 „ „ Licor de café
Batir con hielo y sirva frío o con
hielo picado en copa regular
mediana. Decore con wheat cream
y canela en polvo en el tope de la
copa + 1 cherry ¡**OjO**!, si es frozen
ponga en la licuadora con hielo y
sirva frozen en copa mediana.
Decore con wheat cream ponga
canela en polvo +1 cherry

MIDORI SUNRISE 106

2½ Onzas de Midori
2 a3 „ „ Jugo de naranja
½ „ „ Syrup de granadina
Sirva directo con hielo en vaso
high-ball. Decore con naranja y cherry

MIDNIGHT ESPRESS 107

2½ Onzas de Ron dorado
½ „ „ Rriple sec
2 „ „ Sweet & sour
Sirva directo con hielo en vaso
high-ball. Decore con limón

MINT COLLINS 108 2 Onzas de Gin 1½ „ „ Crema de manta verde 1 „ „ Sweet & Sour 1 „ „ Agua de soda. **Sirva directo** con hielo en vaso high-ball. Decore con hoja de menta verde		**NAPOLI** 112 1½ Onza de Vodka 1 „ „ Campari ¼ „ „ Sweet Vermouth ¼ „ „ Dry Vermouth Sirva directo con hielo en vaso Collins mediano. Completar con seltzel soda. Ponga una cáscarita de limón dentro	
Ultimate **NUT-CRACKER** 109 1 Onza de Ron 151 ½ „ „ Vodka ½ „ „ Tequila ½ „ „ Ginebra ½ „ „ Amaretto ½ „ „ Triple Sec 1 „ „ Syrup de granadina 1 „ „ Sweet & Sour o ¼ de jugo de limón, 2 oz de Jugo de naranja y 1 oz. de piña. **Batir** con hielo y sirva en copa grande de 16 oz Decore con 1de las frutas y 1cherry		**NEGRONI** (Trago Aperitivo 113 1½ Onza de Gin 1 „ „ Sweet vermouth roj ¼ „ „ Jugo de limón puro 3 „ „ Seltzer soda ½ „ „ amargo angostura **Mezcle** directo con hielo en vaso oldfashioned (roca) grande o en vaso high-ball. Decore con limón 1 cherry opcional sin el jugo **Nota** Este trago se recomienda como aperitivo	
NATURAL DAIQUIRI 110 2 Onzas de Ron blanco 1 „ „ Grand Marnier 2 „ „ Jugo de naranja puro Un chorrito de jugo de limón Un chorrito de azúcar líquida. Ponga todo en la licuadora con suficiente hielo que quede frozen. Sirva en copa de margarita. Decore con limón		**NOCTURNO** 114 1½ Onza de Cognac 1 „ „ Amaretto ¼ „ „ Licor de cacao marrón Poner una pisca de canela **Batir** con hielo y sirva frío en copa de coctel. Poner 3 granos de café tostado dentro	
NUTTY CALADA 111 1½ Onza de Licor de avellanas 1 „ „ Leche condensada 3 „ „ Jugo de piña o 3 slice la fruta, 2 cucharaditas de crema de coco. Ponga todo en la licuadora y sirva frozen. Decore con piña		**NATIONAL** 115 2 Onzas de Ron blanco 1 „ „ Apricot F. Brandy 3 „ „ Jugo de piña Un chorrito de jugo de limón puro **Batir** con hielo y sirva frío en copa de coctel Decore con piña y cherry	

PASSION DAIQUIRI O MARGARITA   116

Ojo" Si es margarita solo cambie el ron por tequila

2 Onzas de Ron dorado o 1 oz. de 151
3   „   „ Pulpa de parcha
1½ „   „ Simple syrup (azúcar liquida)
½   „   „ Sweet & Sour
½   „   „ Triple sec
Licúe todo en la licuadora con
suficiente hielo hasta que quede
frozen y sirva en copa alta,
Decore la copa con azúcar de color
o blanca en el borde más una cherry
¡Ojo! si la parcha ya viene dulce
embasada no ponga la azúcar

PINK PARADISE   (PARAISO ROSADO   119

½ Onza de Ron 151
1   „   „ Ron de coco
½   „   „ Frangelico (licor
1½ „   „ Jugo de cranberry
2   „   „   „ piña
Batir en la coctelera con hielo
Sirva frío en copa de coctel.
Decore con piña y cherry.
Asegúrese que al chequearlo haga
espuma suficiente que cubra el
tope de la copa.

PIÑA COLADA UNA COPA   117

2 Onzas de Ron blanco. o dorado
2   „   „ Crema de coco
1½ „   „ Leche condesada
1   „   „ Evaporada (opcional
2 a 3 „   „ Jugo de piña de lata o fresco
Ponga en la Licuadora con suficiente
hielo y sirva frozen. Si ya tiene la piña
colada hecha en un galón ponga de
5a 6 onzas en la licuadora con 2 onzas
de ron blanco y ponga hielo hasta que
quede frozen. Decore con piña y cherry

PULPLE MOTHER FUCKER   120

½ Onza de Ron blanco o dorado
½   „   „ Ginebra
½   „   „ Vodka
½   „   „ Tequila
½   „   „ Granadina
½   „   „ Blue Curacao
½   „   „ Royal Chamboard
2   „   „ Soda Negra
¼   „   „ Jugo de Limón puro
Mezcle y sirva directo en vaso
Collins alto con hielo.
Decore con limón + 1 cherry

PINK LEMONADE   118

1½ Onza de Limón fresco
½   „   „ Syrup de granadina
1½ „   „ Simple syrup(azúcar liquida)
3   „   „ Agua de soda (selzer)
poga en la licuadora con hielo y sirva
frozen en copa de frozen.
Decore con limón y cherry

PASSION FRUIT CARPIRINHA   121

2½ Onzas de **ron** cachaca
½ Limón con càscara picado
1½ Cucharadita de azúcar entera
2 Onzas de jugo de parcha (passion)
Ponga la azúcar y el limón en el
vaso mezclador y machaque bien
luego ponga los demás ingredientes y
sirva con hielo

SAMBA   122

1 Onza de Scotsh Whisky
1   „   „ Crema de menta verde
1   „   „ Jugo de Manzana
2   „   „ Agua de soda
Mezcle y sirva con hielo en vaso
Hig-ball. Decore con 1 ramita de menta

SCREW DRIVER (desarmador)   123

2 Onzas de Vodka
3 a 4 „ „ Jugo de naranja
opcional (piña o cranberry
No batir Sirva directo con hielo en
un vaso high-ball o Collins mediano
Decore con naranja y 1 cherry

SERENATA   124

1oz de Vodka
1 „ „ Amaretto
½ „ „ Licor de coco
1 „ „ Jugo de piña
Batir y servir con hielo picado en
copa de cóctel mediana

SANGRIA ROJA   125

½ Litro de Vino tinto
3   Onzas „ Brandy
2   „   „ Triple sec
3   „   „ Soda de uva
3   „   „ Jugo de naranja
2   „   „ Licor de manzana
¼   „   „ Sweet vermouth
1½ „   „ Syrup. Granadina
Mezcle en una jarra y ponga
frutas dentro, Manzana **verde**
Piña, Uvas, Naranja y Limón
Sirva con las frutas en copa para vino tin

SEA BREEZE (Brisa del mar)   126

2 Onzas de Vodka
3   „   „ Jugo de Cranberry
1   „   „   „ „ Toronja regular
o rubby red. **Sirva directo** con
hielo en vaso high-ball o Collins
mediano. decore con naranja

SIDECAR   127

2 Onzas de Brandy o Cognac
1   „   „ Triple sec o Cointreau
¼   „   „ Jugo de Limón puro
Batir con hielo y sirva frío en
Copa de coctel mediana o con
hielo en vaso a la roca.
Decore con naranja + 1 cherry

SHIRLEY TEMPLE   128

8 a10 Onzas de Soda clara dulce
1½   „   „ Syrup de granadina
No batir, sirva directo con
hielo en vaso Collins alto.
Decore con 2 a 3 cherries

SANGRIA BLANCA   129

½ Litro de Vino blanco
3   Onzas „ Brandy
2   „   „ Triple sec
3   „   „ Jugo de naranja
2   „   „ Lic de manzana
3   „   „ Sprite o 7up
2   „   „ Crema de cacao blanca
2   „   „ Sour mix opcional
Mezcle en una jarra y ponga
frutas dentro, Manzana **Roja**
Piña, Uvas, Naranja y Limón
Sirva con las frutas en copa
para vino con hielo al servirla

SENSACION 130

1 Onza de Sambuca blanca
1 „ „ Ron blanco
1 „ „ Leche Evapiorada
Un chorrito de jugo de limón puro
Batir con hielo y sirva frío en copa
de coctel mediana.
Decore con frutas

SINGAPORE SLING 131

2 Onzas de Gin-ebra
½ „ „ Cherry F. brandy
½ „ „ Azúcar liquida.(Simple syrup)
2 „ „ Agua de soda
½ „ „ Jugo de limón puro
Batir con hielo. Sirva frío en copa
de cocktail o con hielo en vaso
Collins mediano. Decore con
limón y cherry

RAIN-BOW Arcoiris 132

¼ Onza de Syrup de granadina
¼ „ „ Licor de café
¼ „ „ Blue curacao
¼ „ „ Bailey's
¼ „ „ Grand marnier
Ponga scarche de azúcar al borde de
una copita para cordiales o un vasito
doble shot. Ponga despacio en el
orden que están los licores, ayúdese
con una cucharita de café para
colocarlo lentamente. Puede decorar
con azúcar en el borde del vaso
y encenderlo si le agrega un poquito
de ron 151 al final

SEX ON THE BEACH 133

2½ Onzas de Vodka
1 „ „ Peach schnapps
2 „ „ Jugo de Cranberry
1 „ „ „ „ Naranja
Sirva directo con hielo en vaso
Collins mediano o copa alta.
Decore con naranja y 1 cherry

STRAWBERRY DAIQUIRI O MARGARITA 134

1 Onza de Ron 151 o 2 de ron Regular
¼ „ „ Triple sec
¼ „ „ Jugo de limón
3 „ „ Pulpa de strawberry o 3
Fresas medianas frescas. Ponga e
la licuadora con suficiente hielo
hasta que quede frozen. Sirva en
copa grande de margarita o copa
alta. Decore con azúcar y una rueda
de fresa ¡**OJO!** Si es virgen no
ponga alcohol y use los mismos
ingredientes.

ROYAL SMILE 135

1½ Onza de Gin
1½ „ „ Apple brandy
½ „ „ Granadina
un chorrito de jugo de limón
Batir con hielo y sirva frío en copa
coctel pequeña. _____

RED DRAGON 136

1½ Onza de Campari bitter
1½ „ „ Tequila
Sirva con hielo en vaso a la roca
Ponga una cáscarita de limón dentro

ROB ROYCE 137
vehículos especial de carrera

2 Onzas de Scotch Whisky
1 „ „ Sweet vermouth (rojo
Batir en la coctelera con hielo
Sirva frio en copa de coctel
pequeña o en la roca en vaso
oldfashioned. Decore con 1 cherry
y en el borde

RED LION 138

1 Onza de Gin
1 „ „ Grand Marnier
2 „ „ Jugo de Naranja
¼ „ „ „ „ Limón puro
Batir y servir con frío en copa de coctel.
Decore con naranja y cherry

TOASTER ALMOND 139
(Almendra tostada

1 Onza de Licor de café
1½ „ „ Amaretto
1 ½ „ „ Leche evaporada
batir en la coctelera con hielo
frapé sirva con todo y hielo en
vaso oldfashioned o copa de coctel
Ponga un polvito de canela arriva

TEQUILA SUNRISE 140

2 Onzas de Tequila
3 „ „ Jugo de naranja
½ „ „ Syrup de granadina
Sirva directo en vaso Collins
mediano con hielo, Primero
ponga la tequila y el jugo y
por último ponga la granadina
sobre el hielo.
Decore con naranja y 1 cherry

RED RIDER 141
Carrera en Competencia

2 Onzas de Whisky bourbon
½ „ „ Triple sec
½ „ „ Sweet & Sour
¼ „ „ Syrup de granadina.
Batir con hielo y sirva frío en
copa de coctel mediana.
Decore con limón

RUSTY NAIL 142
(Clavo o uña olcidada

2 Onzas de Scotch Whisky
1 „ „ Drambuie
licor Escocés de miél y whisky)
Sirva directo en vaso
oldfashioned con hielo

TOM COLLINS O VODKA COLLINS 143

2 Onzas de Gin o vodka
3 a 4 „ „ Agua de soda
Un chorrito de jugo de limón y un
chorrito de simple syrup(azúcar
líquida)
Sirva directo con hielo en vaso
high-ball o Collins mediano.
Decore con 1 rodaja de limón fresco

TEENAGER FANTASY 144

1 Onza de pulpa de parcha
1 „ „ Jugo de Naranja
¼ „ „ „ Limón puro
2 Ruedita de piña de Lata o Fresca
½ Guineo (banana) Madura,
1 Strawberry fresca, /1½ Onza de
Syrup de Granadina, **Licúe** todos
en la Licuadora con hielo y sirva
frozen en copa alta.
Decore con frutas y cherry

TRIPLE PLAY 145

2 Onzas de Hpnotiq
2 „ „ Alizé rojo
1 „ „ Cogñac
Sirva directo en copa de sour con
Hielo. Decore con una cherry en el
borde

TOP PASSION Tope de la passión 149

4 Onzas de Alizé rojo
1 „ „ Cogñac vs **No batir**
Sirva directo con hielo en copa de
sour ponga el Alizé primero
y luego el cogñac para que quede
flotando en el tope de la copa.
Decore con 1 cherry en el borde

VIRGIN ISLANDS PUNH 146

1½ Onza de Jugo de piña
1½ „ „ Agua de coco
1½ „ „ „ „ Naranja
½ „ „ Sweet & Sour
1½ „ „ Jugo de parcha
1 „ „ Jugo de cranberry
1 „ „ Syrup de granadina
Batir y servir con hielo en copa o
Vaso alto. Decore con fruta y cherry

VERTIGO COCKTAIL 150

1 Onza de Ron 151
½ „ „ Brandy
½ „ „ Scotch whisky
½ „ „ Sourtherm Comfort
1 „ „ Licor 43
1 „ „ Blue Curacao
2 oz Jugo de Piña, 1 de Parcha
¼ de jugo de limón, **Batir** y servir
con hielo en copa Grande.
Decore con Piña y una cherry

VODKA & TONIC 147

2½ Onzas de Vodka
3 a 4 „ „ Agua tónica
Un chorrito de jugo de limón puro
Sirva directo con hielo en vaso
High-ball. Decore con limón

VODKA COLLINS 151

2 Onzas de Vodka
¼ „ „ Jugo de limón puro un
chorrito de azúcar líquida
Sirva directo con hielo en vaso
high-ball. Decore con limón

WHAT THE HELL(que es lo que) 148

2 Onzas de Gin
½ „ „ Dry vermouth
½ „ „ Apricot f. Brandy
un chorrito de Jugo de limón o sour
mix. **Batir** en la coctelera con hielo y
luego sirva frío en
copa de coctel mediana.
Decore con una ruedita
de limón y opcional una cherry

WOO WOO 152

1½ Onza de Vodka
1½ „ „ Peach schnapps
2 „ „ Jugo de cranberry
Batir en la cocktelera con hielo
Sirva frío en copa de coctel mediana
o con hielo en vaso high-ball

UN GALON DE MOJITO FRESCO   153

1   Litro de Ron blanco
¼   Litro de Triple Sec
½   Litro de Sweet & Sour
1   Paquete de Hojas de menta verde
2   Lata de soda seltser o clara dulce
¼   Libra de azúcar morena
Jugo de 3 Limones verde
Licúe las hojas con la azúcar y el
Triple sec, cuele un poco y mézclelo
con los demás Ingredientes en un
galón, manténgalo bien tapado en el
refrigerador. Sirva de 5 a
6 onzas para cada vaso con hielo NOTA"
Si quiere de sabores solo agregue el jugo
puro o la pulpa de la fruta deseada

COMO HACER GALON DE SANGRIA 156

1½ Litros de Vino tinto o blanco seco
½   „   „ Brandy regular
5   Onzas „ Triple sec
5   „   „ Apple sour
5   „   „ Granadina solo para el tinto
2   „   „ Sweet vermouth para tinto
3   „   „ Sweet & Sour o 1½ oz. limón
5   „   „ Jugo de naranja
1   Lata „ soda clara dulce
NOTA" Si es blanca cambie la
Granadina./ 3 onzas de Azúcar líquida
y el vermouth por licor de cacao blanco

HACER UN GALON DE PINA COLADA   154

2   Lata de 46 oz. de Jugo de piña
3   „   „ 15 „ „ Crema de Coco
2   „   „ 15 „ „ Leche Condensada
1   „   „ 15 „ „ Leche Evaporada
Concentrada para licuar) Si la desea
con hielo a la roca, solo ponga
2 crema de coco y una sola
condensada. Debe mantener en
el refrigerador en un recipiente
plástico bien tapado.
Para hacer una copa de 10 oz frozen
utilice de 5 a 6 onzas

LONG ISLAND ICED TEA   157

1   Botella 750 mil. de Vodka regular
1   „   „   „ Ron blanco
1   „   „   „ Ginebra
1   „   „   „ Tequila silver
¼   „   „   „ Litro de Triple Sec
¼   „   „   „ Sweet & Sour y Jugo
de 3 limones ½ Litro de soda cola
Debe mantener en el refrigerador
 En un recipiente plástico bien tapado.
Para hacer una copa, utilice de 5 a 6
onzas con hielo

HACER UN GALON MARGARITA 155 REGULAR

2   Litros de Tequila silver
¾   „   „ Triple sec
1   „   „ Sweet & Sour
3   „   „ Jugo de limón puro
2   „   „ Sweetened lime Rose's
(Syrup Si va a hacer una copa, solo
utilice de 5 a 6 onzas con suficiente
hielo que quede frozen

GALON DE FRUIT PUNCH SIN   158 ALCOHOL

1   Lata de Jugo de piña (46 onzas)
½   Galón de Jugo de naranja
1   Lata de Jugo de parcha (chinola)
5   Onzas de Granadina sin alcohol.
Tápelo bien en el refrigerador.
Sirva solo de 5 a 6 onzas en cada
trago. Si desea alcohol agregue
2 onzas por cada vaso con hielo.

CONTRA PORTADA B.W.T.